Panorama francophone 1
French ab initio for the IB Diploma
Workbook
Second edition
Danièle Bourdais and Sue Finnie

1 Je me présente

Complétez la conversation, comme dans l'exemple.

– Bonjour ! Ça va ?

– Salut ! Oui, ça va.

– Je m'appelle Antoine. Tu [1] .....*t'appelles*..... comment ?

– Je [2] .... Samira. Tu

[3] .... de quelle nationalité ?

– Je [4] .... martiniquais.

– Moi, je suis sénégalaise. Tu [5] .... quelles langues ?

– Je [6] .... français et anglais.

– Moi, je parle français et wolof.

– Super ! Salut, à bientôt !

• es • m'appelle • parle • parles • suis • t'appelles

Complétez la grille de mots croisés.

Horizontalement →

1 ... suis française.

5 Je m'appelle Luc et je ... belge.

7 Julie ... canadienne.

8 Vous ... tunisiens ?

9 Voici Mohamed : ... est algérien.

Verticalement ↓

2 Tu ... de quelle nationalité ?

3 ... es d'où ?

4 Voici Lisa et Clémence : ... sont québécoises.

5 Elles ... françaises.

6 Nous ... tous francophones.

1/3

Complétez et calculez !

Exemple : d _i_ x + tr _o_ i s =

.... treize

1 d........ ....x + d........ ....z........ =

....

2 v........ngt-h........ ....t + tr........ ....s =

....

3 d........x-n........ ....f – s........pt – q........ ....tr........ =

....

4 ....i........ .... e........ un + ...uf =

....

5 o........ ....e + ...i........ .... =

....

6 ....ui........ ....e + ...ei........e – ....i........ ....t-d........u........ =

....

1/4

Complétez avec les mots de l'encadré, comme dans l'exemple.

1 ....*Tu*........ as un animal ?

2 Voici mes cousines. .... s'appellent Lisa et Marie.

3 .... suis francophone et .... parle aussi allemand.

4 .... avez quel âge ?

5 .... sommes frères et .... avons 15 ans et 18 ans.

6 .... sont français ou québécois ?

7 Voici Marie : .... a un camarade algérien.

.... s'appelle Omar.

• je • je • t̶u̶ • il • elle • nous • nous • vous • ils • elles

1/5

Pour chaque phrase, choisissez le verbe qui convient. Écrivez la forme correcte du verbe, comme dans l'exemple.

• parler • habiter • s'appeler

1 Pierre est français et il ....*parle*........ trois langues.

2 Monsieur et Madame Derrouaz .... en Algérie.

3 Bonjour, vous .... comment ?

4 Tu .... combien de langues ?

5 Nous .... en Suisse.

6 Je .... avec Zoé sur Skype.

Elle .... au Sénégal.

1/6

Casse-tête. Trouvez le membre de la famille.

Exemple : C'est le fils de mon oncle. → C'est mon cousin.

1 C'est le frère de mon père.

....

2 C'est la sœur de ma mère.

....

3 C'est la mère de ton père.

....

4 C'est le frère de ta cousine.

....

5 C'est le père de sa mère.

....

6 C'est la fille de sa tante.

....

Lisez le message et répondez aux questions, comme dans l'exemple.

> Salut ! Je m'appelle Anne-Marie et je suis française. J'ai dix-neuf ans. J'habite en France. J'habite chez mes grands-parents, Jeanne et Philippe, les parents de ma mère. Je n'ai pas de sœur mais j'ai un frère. Il s'appelle William et il a seize ans. Il habite avec ma mère, à Paris.

1 *Anne-Marie habite avec qui ?*
Anne-Marie habite avec ses grands-parents.

2 Elle a des frères et des sœurs ?

....

....

3 Qui est Jeanne ?

....

....

4 William a quel âge ?

....

....

5 William habite avec qui ?

....

....

6 La mère d'Anne-Marie habite où ?

....

....

Répondez aux questions du sondage.

Profil personnel

1 Tu t'appelles comment ?

2 Tu es de quelle nationalité ?

3 Tu parles quelles langues ?

4 Tu as quel âge ?

5 C'est quand, ton anniversaire ?

6 Tu habites avec qui ?

7 Tu as des frères et des sœurs ?

8 Tu as des oncles et des tantes ?

9 Tu as des animaux de compagnie ?

1 ....

2 ....

3 ....

4 ....

5 ....

6 ....

7 ....

8 ....

9 ....

Rappel grammaire

Les adjectifs : masculin / féminin

1 Complétez cette grille avec la bonne forme des adjectifs.

Le pays	La nationalité	
	🧍	🧍‍♀️
1 la France	français	
2 le Sénégal		sénégalaise
3 le Canada	canadien	
4 le Togo	togolais	
5 l'Algérie		algérienne
6 les États-Unis	américain	

Les adjectifs possessifs

2 Lucas adore les animaux. Il a deux lapins, un chien, deux chats, un perroquet, une tortue, trois oiseaux et une poule. Écrivez six phrases pour présenter ses animaux.

Exemple : Voici ses lapins.

1   ....

2   ....

3   ....

4   ....

5   ....

6   ....

3 Complétez la deuxième partie de la phrase avec le bon adjectif possessif + un nom.

*Exemple : Ma cousine a un chat : voici **son chat**.*

1   J'ai un chien : voici ....

2   Nous avons des poissons rouges : ce sont ....

....

3   Pierre et Max ont une sœur : voici ....

....

4   Tu as une carte d'identité : voici ....

....

5   C'est l'anniversaire de ma mère : c'est ....

....

6   Vous avez un problème : c'est ....

....

7   J'ai trois grands-parents : voici ....

....

8   Tu as dix hamsters ! Waouh, montre-moi ....

....

9   J'ai une sœur. Voici ....

....

Les verbes *être* et *avoir*

4 Entourez le bon verbe.

Exemple : Mon cousin (est)/ êtes canadien.

1 Tu *as / es* dix-huit ans ?

2 Mon anniversaire *a / est* le 20 juillet.

3 Mes grands-parents *sont / sommes* français.

4 J' *as / ai* un animal de compagnie.

5 Vous *avez / avons* un chien ?

6 Vous *êtes / est* le frère de Julie ?

Être, avoir et les verbes réguliers en *-er*

5 Conjuguez au présent les verbes à l'infinitif et complétez les phrases.
Ensuite, sur une feuille, traduisez les phrases dans votre langue.

Exemple : Les Français ___aiment___ [aimer] bien les animaux.

1 Ma cousine ....
[*habiter*] à Montréal, au Canada.

2 Elle ....
[*être*] québécoise.

3 Tu ....
[*parler*] quelles langues ?

4 Mes parents ....
[*parler*] français et arabe.

5 J' ....
[*avoir*] seize ans.

6 Nous ....
[*être*] français.

7 Nous ....
[*avoir*] une photo de notre chien.

8 Vous ....
[*avoir*] des suggestions ?

9 Tes frères ....
[*avoir*] quel âge ?

10 Les jeunes ....
[*être*] ici pour la conférence.

11 Vous ....
[*habiter*] en France ?

12 Je ....
[*s'appeler*] Khalida.

Chapitre 1 : mon bilan

• Mes nouvelles compétences

....

....

....

....

....

....

• Ce que j'ai envie de développer

....

....

....

....

....

....

2/1

Les informations dans l'encadré décrivent Nicole ou Julien, ou Nicole <u>et</u> Julien.

1 Écrivez dans les colonnes ci-dessous la liste des informations qui se rapportent à Nicole et à Julien. (Attention, certaines informations vont pour les deux !)

> • ~~petite~~ • C'est un acteur… • Elle a des lunettes.
> • très belle • Il a 17 ans. • C'est une chanteuse…
> • assez vieille • blond • belge
> • assez beau • brune • grand • mince

♀ Nicole	♂ Julien
petite	

2 Utilisez les informations dans chaque colonne pour décrire Julien et Nicole.

Exemple : Il s'appelle Julien. C'est un acteur belge. Il est…

Il...

....

....

Elle...

....

....

2/2

Lisez et entourez les mots qui conviennent le mieux.

Mon acteur préféré, c'est **Gérard Jugnot**. Il est (français) / française. Il est *petit / petite* et assez *gros / grosse*. Il a les cheveux *gris / grises, court / courts* et *raide / raides*.

Mon actrice préférée, c'est **Clémence Poésy**. Elle est *grand / grande / grandes* et mince. Elle est *blond / blonde* avec des cheveux *bouclés / bouclées / bouclé* et elle a les yeux *bleu / bleues / bleus*. Elle est très *joli / jolie / jolies*.

2/3

Regardez et décrivez.

Il...

....

....

Elle...

....

....

2/4

Jules et sa sœur Julie sont jumeaux mais complètement différents.

Lisez la bulle de Jules. Écrivez la bulle de Julie et utilisez *ne… pas*.

*Exemple : Je m'appelle Julie. Je **ne** suis **pas** grande…*

> Je m'appelle Jules. Je suis grand et je suis gros. Je suis beau. J'ai les yeux bleus et mes cheveux sont longs et bruns. Je suis timide et je suis très travailleur. Je suis compréhensif et je suis généreux.

2/5

1 Trouvez huit adjectifs de personnalité dans le serpent de mots.

Exemple : intelligent,…

intelligenttimideorganisésérieuxgénéreuxtravailleurcompréhensifégoïste

2 Écrivez les huit adjectifs au féminin.

Exemple : intelligente,…

2/6

Décrivez le physique et la personnalité de deux membres de votre famille : un homme / garçon et une femme / fille

Exemple : Ma mère est grande, etc. Elle est généreuse, etc.

2/7

1 Écrivez le nom des vêtements sur les images.

2 Ajoutez des couleurs et écrivez le commentaire pour le défilé de mode.

Exemple : Voici Simon. Il porte un pantalon rose...

....

....

....

....

Simon

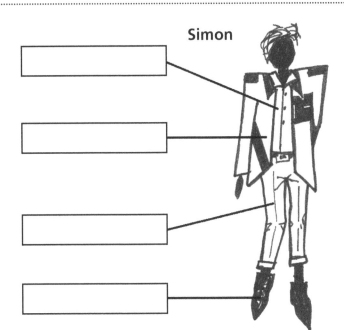

Magali

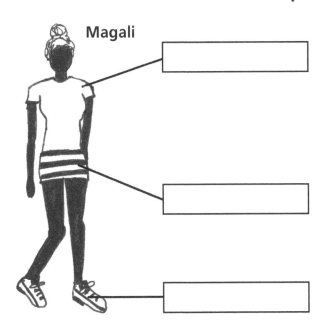

2/8

1 Lisez la bulle et complétez la grille pour Enzo (✔ ou ✗).

2 Lisez les indices et complétez la grille (✔ ou ✗).

3 Qui est Enzo : 1, 2, 3 ou 4 ?

> Salut ! Je m'appelle Enzo. J'adore la télé et j'aime bien le sport – mon sport préféré, c'est le football. Je déteste le shopping, mais j'aime la mode. J'aime assez la musique. Je n'aime pas les réseaux sociaux. Je n'aime pas la lecture non plus.

Indices

Numéro 4 adore la mode.

Numéro 1 n'aime pas les réseaux sociaux.

Numéro 3 déteste la lecture.

Numéro 2 aime regarder la télé.

Numéro 4 n'aime pas faire du shopping.

Numéro 3 n'aime pas la télé.

Numéro 1 n'aime pas le sport.

Numéro 2 déteste les réseaux sociaux.

Numéro 4 déteste la télé.

Numéro 1 aime la musique.

Numéro 2 aime le sport.

Numéro 3 aime la mode.

	Enzo	1	2	3	4
TV	✔				
⚽					
🛍	✗				
👕					
🎵					
@					
📖					

Enzo est numéro ....

Rappel grammaire

La place des adjectifs

1 Écrivez les mots dans le bon ordre. (Pensez à la place des adjectifs : avant ou après le nom ?)

Exemple : longs / j'ai / cheveux / les → J'ai les cheveux longs

1 tu / marron / as / les / yeux

....

2 une / c'est / intelligente / personne

....

3 élégant / on / le / look / aime

....

4 l'acteur / gros / un / a / nez

....

5 robe / belle / elle / une / porte

....

6 gentils / assez / parents / avons / des / nous

....

7 j'aime / noir / pantalon / le / vieux

....

8 footballeur / c'est / un / sérieux / jeune

....

9 c'est / français / un / film / beau

....

10 grande / égoïste / j'ai / sœur / une

....

Les verbes réguliers en *-ir*

2 Entourez la forme du verbe qui convient.

Exemple : Tu (choisis) / choisit quel sport ?

1 Vous *choisissez / choisissent* les chaussures blanches ?

2 Tu *finis / finit* tes devoirs ?

3 Nous sommes timides, nous *rougissons / rougissent*.

4 Le public *applaudit / applaudis* les musiciens.

5 Les petits chats *grandissez / grandissent* vite.

6 Mon grand-père *vieillis / vieillit*.

7 La conférence *finit / finissent* demain.

8 Nous *applaudissent / applaudissons* à la fin du concert.

3 Choisissez le verbe qui convient – *choisir* ou *finir* – et complétez la phrase avec la bonne forme du verbe.

Exemple : Vous _____choisissez_____ le rouge ou le jaune ?

1 Comme animal de compagnie, je .... un chien.

2 La conférence .... quand ?

3 Mes parents .... mes vêtements.

4 Ma sœur .... les vêtements sur Internet.

5 Tu .... quel look ?

6 Je commence mais vous ....

7 Les cours .... dans cinq minutes.

8 Vous .... la musique pour la fête.

9 Je .... mon café dans cinq minutes.

10 Nous .... les bottes ou les chaussures ?

La négation : *ne... pas*

4 Mettez les verbes à la forme négative.

Exemple : Je suis timide. → Je ne suis pas timide.

1 Ma cousine parle français.

....

2 J'ai 16 ans.

....

3 Tu aimes les cheveux courts ?

....

4 Les acteurs sont petits.

....

5 Qui joue au foot ?

....

6 Nous choisissons le look sportif.

....

7 Les jeunes répondent aux questions.

....

8 J'aime beaucoup le cinéma.

....

5 Répondez avec une phrase négative.

Exemple : Guy parle français ? → Non, il ne parle pas français.

1 Les films de Harry Potter sont intéressants ?

Non, ils ....

2 Tu as les yeux gris ?

Non, je ....

3 Tes amis aiment les jeux vidéo ?

Non, ils ....

4 Vous finissez les devoirs ce soir ?

Non, nous ....

5 Marie choisit les vêtements sportifs ?

Non, elle ....

6 Le look est important pour les jeunes ?

Non, le look ....

7 Ton frère est têtu ?

Non, il ....

8 Ses parents sont contre les animaux de compagnie ?

Non, ses parents ....

Chapitre 2 : mon bilan

- Mes nouvelles compétences

....

....

....

- Ce que j'ai envie de développer

....

....

....

3/1

1 Anagrammes : trouvez les jours de la semaine, comme dans l'exemple.

2 Quels jours ne figurent pas ici ?

1 **m e s a i d** *samedi* ....

2 **d i m r a** ....

3 **i a c e d m n h** ....

4 **d e i v n r d e** ....

5 **m r r d e c e i** ....

.... et ....

ne figurent pas ici.

3/2

Casse-tête. Complétez les séries : ajoutez un chiffre à chaque ligne.

Exemple : trois, treize, vingt-trois,… trente-trois

1 dix, vingt, trente, ...

....

2 quarante-quatre, quarante-six, quarante-huit, ...

....

3 vingt-et-un, vingt-huit, trente-cinq, ...

....

4 cinquante, cinquante-deux, cinquante-cinq, ...

....

5 soixante, cinquante, quarante, ...

....

6 vingt-quatre, trente-six, quarante-huit, ...

3/3

Il est quelle heure ? Dessinez les aiguilles de l'horloge.

Exemple : Il est deux heures.

1 Il est onze heures.

2 Il est une heure trente.

3 Il est trois heures dix.

4 Il est sept heures quarante-cinq.

5 Il est midi quinze.

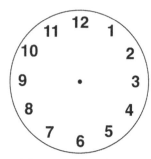

6 Il est quatorze heures vingt-cinq.

3/4

Regardez les horloges et écrivez l'heure, comme dans l'exemple.

1 Il est quatre heures. /Il est seize heures.

2 ....
....
....
....

3 ....
....
....
....
....
....

4 ....
....
....
....
....
....

5 ....
....
....
....
....
....

6 ....
....
....
....
....

3/5

1 Écrivez les voyelles qui conviennent pour compléter le nom des pièces.

2 Écrivez le numéro de la pièce (1–10) sur le plan de la maison.

1 l' ......ntré......

2 la c...... ......s......n......

3 la s......ll...... à m......ng......r

4 le s......l......n

5 la s......ll...... d...... b......ns

6 la ch......mbr......

7 le b......r...... ....

8 les t...... l......tt......s

9 le b......lc......n

10 le j......rd......n

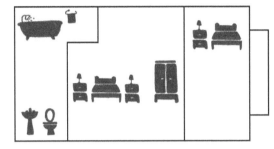

3/6

Qu'est-ce qu'ils font ? Écrivez une phrase pour chaque personne.

Exemple : Max fait la vaisselle et il fait la cuisine.

1 **Idriss**

Idriss fait ....

2 **Natacha**

....

3 **Ludo**

....

4 **Emma**

....

3/7

Complétez chaque question avec *Est-ce que / qu'* ou *Qu'est-ce que / qu'*, comme dans l'exemple.

1 ....*Est-ce que*............ tu vas à Paris ?

2 .... tu fais à Bruxelles ?

3 .... il y a dans ta maison ?

4 .... il y a un garage dans ta maison ?

5 .... vous faites les courses tous les jours ?

6 .... vous faites le dimanche ?

7 .... on va faire ce soir ?

3/8

Pour parler du futur, transformez les phrases, comme dans l'exemple.

Aujourd'hui...

Exemple : Je me lève à 10 heures.

1 Je prends mon petit déjeuner.

2 Mes parents prennent le métro pour aller au bureau.

3 Je fais mes devoirs dans ma chambre.

4 L'après-midi, mon frère fait les courses.

5 Le soir, nous regardons un film à la télé.

6 On se couche à 23 heures.

Demain...

Exemple : Je vais me lever à 10 heures.

1 ....

2 ....

3 ....

4 ....

5 ....

6 ....

Rappel grammaire

Les verbes *aller*, *faire* et *prendre*

1 Complétez avec la forme correcte du verbe au présent.

Exemple : Je ....vais........ [aller] au cinéma.

1 Tu .... [*faire*] les courses tous les jours ?

2 Ma mère .... [*prendre*] son petit déjeuner à sept heures.

3 Nous .... [*aller*] au lycée en bus.

4 Le soir, mes parents .... [*faire*] la cuisine.

5 Vous .... [*prendre*] le bus ou le métro ?

6 Est-ce que les enfants .... [*aller*] en ville ?

7 Pour aider à la maison, vous .... [*faire*] la vaisselle ?

8 Normalement, je .... [*prendre*] mon déjeuner à la cantine.

9 Tu .... [*aller*] à l'aéroport à quelle heure ?

10 Chez toi, qui .... [*faire*] le jardin ?

11 Les reporters .... [*prendre*] un avion à midi.

12 On .... [*aller*] jouer au tennis.

13 Martin .... [*faire*] les courses ce soir.

14 Le lundi, Ali ne .... [*prendre*] pas de petit déjeuner.

2 Sur une feuille, traduisez les phrases de l'activité 1 dans votre langue.

La négation : *ne... jamais*

3 Répondez avec une phrase négative. Utilisez *ne... jamais*.

Exemple : Tu fais la cuisine ? → Non, je ne fais jamais la cuisine.

1 Ton frère parle français avec ses amis ?

   Non, il ....

2 Vous aidez à la maison ?

   Non, je ....

3 Les magasins ferment à midi ?

   Non, ils ....

4 Tu manges à la cantine ?

   Non, je ....

5 Marie sort pendant la semaine ?

   Non, elle ....

6 Tu ranges ta chambre ?

   Non, je ....

7 Les cinémas ferment le dimanche ?

   Non, ils ....

8 Luc travaille à Dakar ?

   Non, il ....

9 Tu es égoïste ?

   Non, je ....

Le pronom *on*

4 Entourez le verbe qui convient.

Exemple : On fais / (fait) les courses.

1 Est-ce qu'on *arrive / arrivent* à trois heures ?

2 On *organise / organisons* un webinaire sur la vie des jeunes.

3 Lundi, on *vont / va* à Montréal.

4 On *prends / prend* l'avion dans une demi-heure.

5 Est-ce qu'on *fait / faites* la vaisselle ?

6 En Belgique, on *parle / parlent* français.

5 Remplacez les mots soulignés avec *on* + verbe.

Exemple : ⟶ *On va en cours.*

1 Nous faisons le repassage dans la cuisine.

....

2 En France, les élèves rentrent à la maison vers 17 heures.

....

3 Nous habitons à Paris.

....

4 Les Français aiment bien manger au restaurant.

....

5 Nous nous levons à neuf heures le week-end.

....

6 Nous prenons le train demain.

....

Les verbes pronominaux

6 Complétez avec la forme correcte du verbe au présent.

Exemple : Le dimanche, je <u>me</u> <u>couche</u> [*se coucher*] *à 22h30.*

1 Pendant la semaine, je ....[*se lever*] à 6h30.

2 Tu ....[*se coucher*] à quelle heure ?

3 Le soir, nous ....[*se reposer*].

4 Pierre ....[*se laver*] dans la salle de bains.

5 Vous ....[*se lever*] maintenant ?

6 Mes frères et sœurs ....[*se coucher*] avant moi.

7 Je ....[*se reposer*] le dimanche.

8 Max et moi ....[*se coucher*] de bonne heure.

Chapitre 3 : mon bilan

• Mes nouvelles compétences

....

....

....

....

• Ce que j'ai envie de développer

....

....

....

....

Révisions de grammaire : Chapitres 1, 2 et 3

Livre de l'élève

les adjectifs (accord et position) → Chapitre 2, sections A et B

les verbes *être* et *avoir* → Chapitre 1, sections A et C

1 Réécrivez chaque phrase avec :

[a] la forme correcte du verbe *être* ou *avoir*

[b] le bon adjectif de l'encadré

> • petite • intelligent • grands • ~~jolie~~
> • bonnes • blanches • courts

Exemple : Mes grands-parents ....*ont*........ : [a] une
........*jolie*........ : [b] maison.

1 J'........................[a] deux ....[b] chiens.

2 Mon prof ....[a] un homme très ....[b].

3 Nous ....[a] les cheveux ....[b] et frisés.

4 Les jeunes ....[a] une ....[b] chambre au rez-de-chaussée.

5 Mes amis ....[a] à Montréal.

Ils passent de ....[b] vacances.

6 Vous ....[a] des chaussures ....[b] ?

Livre de l'élève

les verbes réguliers en *-er* et *-ir* → Chapitre 1, section D ; Chapitre 2, section E

la négation → Chapitre 2, section C ; Chapitre 3, section E

les verbes pronominaux → Chapitre 3, section J

2 Ajoutez la terminaison du verbe dans la question. Ensuite, répondez négativement. Utilisez *ne… pas* ou *ne… jamais*.

Exemples :

*Est-ce que tes parents et toi habit<u>ez</u> dans une maison ? →
Non, nous n'habitons pas dans une maison.*

Elle se repose ? → Non, elle <u>ne</u> se repose <u>jamais</u>.

1 Est-ce que tu aim................ le sport ?

....

2 L'acteur se lèv................ tôt ?

....

3 Est-ce que tes amis parl................ arabe ?

....

4 Les cours fin................ dans une demi-heure ?

....

5 Vous regard................ la télé le soir ?

....

6 Tes amis et toi, vous jou................ au football ?

....

7 Ton oncle habit................ à Strasbourg ?

....

8 Tu te couch .... maintenant ?

....

Livre de l'élève

le futur proche → Chapitre 3, section H

la négation → Chapitre 2, section C ; Chapitre 3, section E

3a Réécrivez la phrase avec le verbe au futur proche.

Exemple : Pierre prend le petit déjeuner à 8 heures. → Pierre va prendre le petit déjeuner à 8 heures.

1 Anne fait les courses.

....

2 Je range ma chambre.

....

3 Tu vas sur Internet ?

....

4 Les lycéens font leurs devoirs.

....

5 Nous habitons au Maroc.

....

6 On prend l'avion mardi.

....

7 Vous rentrez à la maison ?

....

8 Ils ont un chat.

....

3b Sur une feuille, écrivez vos phrases au futur proche de l'activité 3a à la forme négative, comme dans l'exemple.

Exemple : Pierre va prendre le petit déjeuner à 8 heures.
→ Pierre ne va pas prendre le petit déjeuner à huit heures.

Faites vos preuves !

Sur une feuille, répondez aux questions ci-dessous et marquez un point à chaque fois que vous utilisez un point de grammaire de la liste.

1 *Tu aimes les fruits ?*

Exemple : Oui, je mange beaucoup de fruits, mais je ne mange jamais de poires. Mon fruit préféré, c'est les fraises.

[verbe en *-er* + négation + adjectif possessif = 3 points]

1 Tu manges des fruits tous les jours ?

2 Tu aimes les animaux ?

3 Qu'est-ce que tu fais le samedi matin ?

4 Tu es comment physiquement ?

5 Est-ce que la mode est importante pour toi ?

6 Quelles sont tes passions ?

7 Tu habites où ?

8 Qu'est-ce que tu fais pour aider à la maison ?

Points de grammaire	Cochez ✔
les adjectifs (accord et position)	
les adjectifs possessifs	
les verbes réguliers en *-er* et *-ir*	
être et *avoir*	
aller, faire, prendre	
les verbes pronominaux	
le futur proche	
la négation	

4 Bon appétit !

4/1

1 Entourez les noms des aliments dans la grille.

H	A	M	B	U	R	G	E	R
F	S	J	E	P	D	Â	É	V
R	A	T	E	O	S	T	T	I
U	L	É	G	U	M	E	S	A
I	A	E	L	L	E	A	S	N
T	D	É	P	E	I	U	N	D
S	E	A	R	T	R	I	Z	E
M	O	U	L	E	S	D	S	!

2 Écrivez les lettres qui restent pour trouver le message d'Alex.

_ _ _ _ _ _ _ _ _ _ _ _ _ _ _ !

4/2

Remplissez les blancs du texte avec *du*, *de la*, *de l'* ou *des*.

> Normalement, le matin, on mange
>
> _*du*_ pain et on boit _____ lait.
>
> À midi, je mange à la cantine. On mange
>
> _____ viande ou _____ poisson
>
> et _____ pommes de terre ou _____
>
> légumes. On boit _____ eau.
>
> Le soir, je mange _____ riz ou _____
>
> salade et je bois _____ soda.

4/3

Répondez aux questions.

Exemple : On mange du pain ? Non, on ne mange pas de pain.

1 Tu manges des légumes ?

Non, je _____

2 Elle boit de l'eau ?

Non, elle _____

3 Vous mangez de la viande ?

Non, nous _____

4 Tu manges du riz tous les jours ?

Non, je _____

5 On fait des frites ?

Non, on _____

4/4

Répondez à la question sur le forum de la Semaine du Goût.

Exemple : Normalement, le matin, je mange du yaourt avec des fruits. J'adore ça ! Je bois du thé avec du lait...

Forum Alimentation et Santé

« Qu'est-ce que vous mangez normalement le matin, le midi et le soir ? »

....

....

....

....

....

4/5

1 Choisissez un élément différent de chaque colonne et écrivez sept phrases au passé composé.

Exemple : J'ai rangé le salon.

J'	ai	choisi	les devoirs.
Pierre et Céline, ils	as	acheté	la télévision.
Lisa et toi, vous	a	visité	la maison.
Tu	avons	fini	à 20h.
Mon frère	avez	rangé	le salon.
Léa et moi, nous	ont	mangé	un sandwich.
On		regardé	un pantalon gris.

1 ....

2 ....

3 ....

4 ....

5 ....

6 ....

7 ....

2 Sur une feuille, écrivez d'autres phrases. Comparez avec un(e) camarade.

4/6

Écrivez les réactions de Lucie Atoutfait et Simon Narienfait, comme dans l'exemple.

> • boire du thé vert • choisir un plat végétarien
> • faire un gâteau de riz • ~~manger des insectes grillés~~
> • mettre du sucre dans les pâtes

Lucie	Simon
J'ai mangé des insectes grillés.	*Moi, je **n'ai jamais** mangé **d'**insectes grillés.*

4/7

1 Lisez les statistiques. Écrivez les nombres en chiffres.

2 Faites le jeu-test. Devinez et cochez (✓) les réponses A ou B.

3 Vérifiez vos réponses en bas de la feuille.

Jeu-test

Exemple : Combien de Français mangent du fromage ?

A Soixante-dix	_70_ %	
B Quatre-vingt-treize	_93_ %	✓

1 Combien de Français prennent un petit déjeuner ?

A Quatre-vingt-huit	%	
B Quatre-vingt-quatorze	%	

2 Un Français boit combien de litres d'eau minérale par an ?

A Soixante-quinze	litres	
B Cent dix	litres	

3 En 2012, au Maroc, on a fait une omelette énorme. Avec combien d'œufs ?

A Vingt-deux mille cent		
B Quinze mille trois cents		

4 En France, on mange combien d'escargots toutes les heures ?

A Trois cents soixante-douze		
B Six cents		

5 Un Belge mange combien de kilos de pommes de terre par an ?

A Soixante-seize	kilos	
B Quatre-vingt-dix	kilos	

RÉPONSES : *Exemple : 93 %*, 1 94 %, 2 110 litres,
3 22 100 œufs, 4 600 escargots par heure,
5 90 kilos par an

4/8

Trouvez deux intrus dans chaque liste. Comparez avec un(e) camarade.

1 • la crémerie • l'épicerie • ~~les légumes~~
• la poissonnerie • ~~le soda~~
pas des commerces

2 • la pomme de terre • les épinards • le café
• le champignon • le fromage

3 • la pâtisserie • la crêpe • la poissonnerie
• la cantine • la boucherie

4 • le poulet • le bœuf • le poisson • le jambon • la quiche

5 • l'eau • le pain • le lait • la limonade • le marché

6 • la pomme • la farine • l'abricot • l'ananas • le fromage

4/9

Écrivez les phrases dans l'ordre, comme dans l'exemple.

1 s'il voudrais un Je chips, vous de paquet plaît.
Je voudrais un paquet de chips, s'il vous plaît.

2 boîte champignons ? avez Vous une de

3 je de gâteau. vais un Alors, prendre morceau

4 confiture. de n'ai pot Je de pas

5 vous de vin, s'il bouteille plaît ! Une

6 kilo vous voudrais d'abricots, un s'il Je plaît.

7 combien, lait ? le pâtes de Ça fait paquet le et de litre

Rappel grammaire

L'article partitif

1 Complétez la conversation avec *de*, *du*, *de la*, *de l'* ou *des*.

Exemple : Vous avez <u>des</u> *bananes ?*

Attention ! Après un verbe au négatif : *du, de la, de l'* et *des* → *de*.

1 Qu'est-ce qu'il y a dans le frigo ?

   Il y a .... lait ?

2 Ah non, on n'a pas .... lait.

3 Nous avons .... œufs ?

4 Oui, mais il n'y a pas .... légumes.

5 Il faut acheter .... viande, non ?

6 Oui, et je voudrais .... poulet.

7 Est-ce qu'il reste .... eau minérale ?

8 Non, mais il y a .... soda.

9 OK. Achète aussi un pot .... confiture.

10 D'accord. Tu as .... argent ?

2 Écrivez une conversation comme dans l'activité 1, avec d'autres aliments.

Exemple : Qu'est-ce qu'il y a dans le frigo ? Il y a <u>du beurre</u> ?

....

....

....

....

Le passé composé

3 Écrivez les phrases dans l'ordre.

Exemple : mangé / escargots / Ils / des / ont → Ils ont mangé des escargots.

1 un plat / Pierre / choisi / a / végétarien

....

....

2 J' / mangé / un restaurant / ai / marocain / dans

....

....

3 J' / acheté / pour / ai / chocolat / mon frère / du

....

....

4 Nous / goûté / lapin / avons / du / et / aimé / ai / bien / j'

....

....

5 Léo / mais / a bu / ses parents / un soda / des crêpes / ont acheté

....

....

6 Marie / avez travaillé / mais / Vous / la télé / a regardé

....

....

Le passé composé au négatif

4 Mettez ces verbes à la forme négative (avec *ne... pas* ou *ne... jamais*).

Exemple : <u>Nous avons acheté</u> un gâteau. → Nous n'avons pas acheté de gâteau.

Attention ! Après un verbe au négatif : *du, de la, de l'* et *des → de.*

1 <u>Nous avons mangé</u> dans la cuisine.

....

....

2 <u>Les élèves ont aimé</u> les repas à la cantine.

....

....

3 <u>J'ai téléphoné</u> au restaurant japonais pour faire une réservation.

....

....

4 <u>Tu as trouvé</u> les films d'Astérix intéressants ?

....

....

5 <u>Ma copine a cuisiné</u> des spécialités locales.

....

....

6 <u>Vous avez choisi</u> le menu <u>touristique</u> ?

....

....

à, au, à l', à la, aux

5 Remplacez chaque blanc par *à, au, à l', à la* ou *aux.*

Exemple : Dimanche, on a mangé ___au___ restaurant.

1 Pendant la semaine, je mange .... cantine à midi.

2 Tu vas .... école le samedi ?

3 Leur appartement est .... cinquième étage.

4 Tu veux aller .... toilettes ?

5 Il y a beaucoup de bons restaurants .... Paris.

6 Mon père va .... boulangerie tous les matins.

7 On a acheté des légumes .... marché hier.

8 Vous allez .... supermarché ou .... boucherie ?

9 Nous aimons aller .... restaurant .... Bruxelles.

10 Zoé n'est pas .... maison, elle est .... hôpital.

11 Pierre mange .... cantine ou .... maison.

12 Je vais .... lycée, et après, ... conférence.

Chapitre 4 : mon bilan

- Mes nouvelles compétences

....

....

....

- Ce que j'ai envie de développer

....

....

....

5/1

Max va où ? Complétez la grille et trouvez sa destination (cases grises).

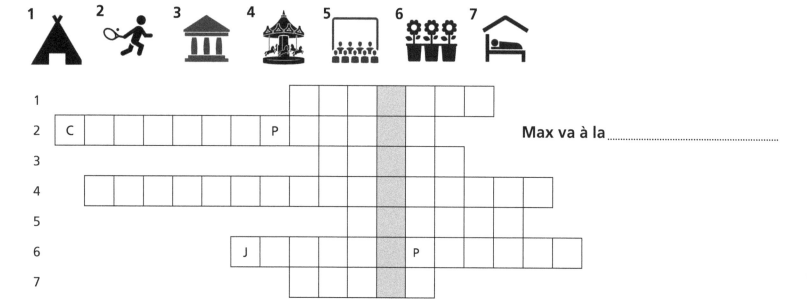

Max va à la ....

5/2

Regardez le plan et remplissez les blancs dans le texte avec la préposition dans l'encadré qui convient le mieux.

> • dans • derrière • devant • entre • à côté (de) • en face (de)

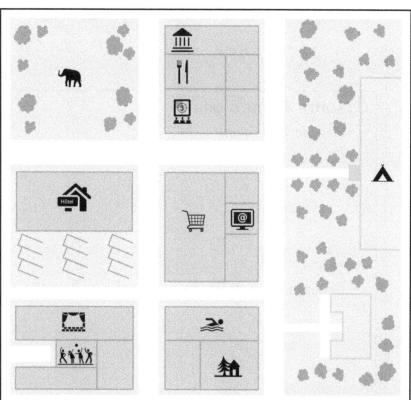

Bienvenue à Bonneville !

Où dormir ?

Il y a un camping .... le parc du château.

On peut aussi dormir à l'hôtel Bonnenuit.

Il est .... du zoo.

Pour les jeunes, il y a l'auberge de jeunesse,

.... la piscine.

Où boire et manger ?

Le restaurant Bonnetable est ....
le musée et le cinéma.

Il y a aussi un cybercafé .... le centre
commercial.

Où s'amuser ?

Il y a un musée et un cinéma. Il y a aussi une boîte

de nuit .... la salle de spectacle.

5/3

1 Complétez la grille avec les mots de la liste.

2 Inventez une phrase au passé composé pour chaque verbe.

> • on trouve • j'aime • nous visitons • elle a vu
> • nous avons visité • il fait • j'ai aimé
> • ils prennent • elle voit • on a trouvé
> • il a fait • ils ont pris

infinitif	présent	passé composé
aimer	*j'aime*	*j'ai aimé*
trouver		
visiter		
faire		
prendre		
voir		

Exemple : J'ai aimé les musées à Paris.

....

....

....

....

....

....

5/4

1 Lisez la bulle et suivez la route de Noé. Sa destination est le restaurant 1, 2 ou 3 ?

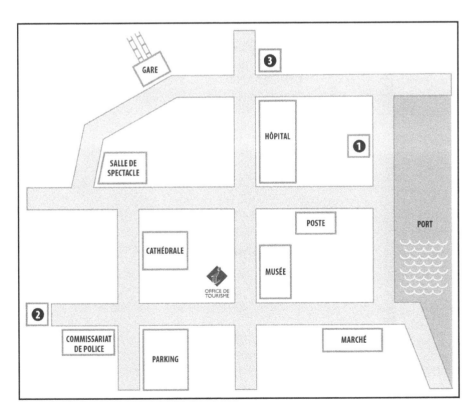

> J'ai commencé à la gare. J'ai vu l'hôpital. J'ai visité le musée et ensuite, j'ai vu l'office de tourisme. Et finalement, j'ai vu le commissariat sur la gauche.

Noé

Restaurant numéro : ....

2 Vous êtes au parking et vous allez dans un restaurant (choisissez 1, 2 ou 3). Vous voyez quels endroits ?
Écrivez le nom des endroits.

Exemple : J'ai quitté le parking. J'ai vu…

....

....

....

3 Lisez votre texte à un(e) camarade. Il / Elle devine votre destination.

5/5

1 Trouvez la maison de Luc sur le plan. Complétez l'e-mail de Luc à son ami pour indiquer le chemin de la gare à sa maison. Utilisez les mots dans l'encadré et les noms d'endroits sur le plan. Il y a plusieurs possibilités.

> • aller • continuer • prendre • tourner
> • traverser • à droite • à gauche • tout droit
> • première • deuxième • entre
> • à côté de • en face • jusqu'au bout de

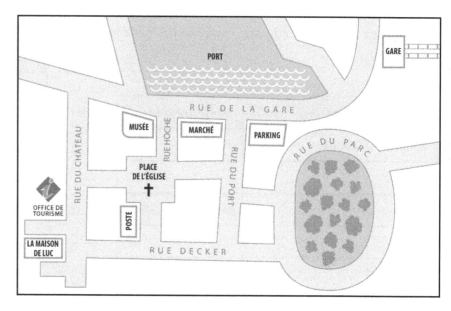

De : LucPolowski@hotmail.fr

À : clementineguillot@hotmail.fr

Objet : Pour arriver chez moi

Salut ! Pour arriver à ma maison ? C'est facile.

1   Avec la gare derrière toi, tourne à gauche.

2   Continue tout droit dans la rue ....

3   Ne tourne pas à ....

4   ....

5   ....

6   ....

7   ....

8   ....

9   ....

10 ....

Luc

2 Comparez avec un(e) camarade. Qui donne le plus de détails ?

5/6

Vous êtes quel genre de touriste ? Répondez aux questions du sondage avec les mots de l'encadré. Utilisez les mots et expressions une fois seulement.

Exemple : 1 Je n'aime pas beaucoup la campagne.

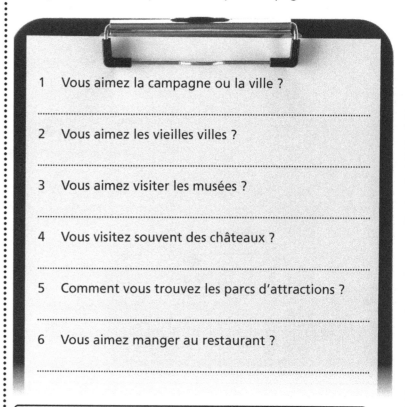

1   Vous aimez la campagne ou la ville ?

2   Vous aimez les vieilles villes ?

3   Vous aimez visiter les musées ?

4   Vous visitez souvent des châteaux ?

5   Comment vous trouvez les parcs d'attractions ?

6   Vous aimez manger au restaurant ?

> • j'aime • vraiment • trop • je n'aime pas
> • assez • je trouve ça • très • je ne trouve pas ça
> • à mon avis • bien • pour moi • beaucoup

5/7

Rappel grammaire

Les prépositions

1 Il y a six prépositions de lieu
dans le serpent. La première
vous est donnée. Trouvez les
autres. Attention, il y a des
lettres en trop !

surdansaentrecôdevantfacderrièredaenfacede

Les participes passés irréguliers

2a Lisez le message de Sophie et soulignez
tous les verbes au présent, comme
dans l'exemple.

D'habitude, le samedi matin, _je prends_ mon petit déjeuner devant
la télé et puis je fais mes devoirs. L'après-midi, je vois mes copines.
Nous prenons le bus pour aller en ville. Nous faisons le tour des
magasins et nous achetons des magazines de mode. Après, on
prend un café ou un soda au café. Et toi, qu'est-ce que tu fais ?

Sophie

2b Qu'est-ce que Sophie a fait samedi dernier ? Écrivez un résumé. Transformez tous les verbes de son message au
passé composé. (N'oubliez pas de changer aussi les pronoms et les adjectifs possessifs quand c'est nécessaire.)

Exemple : Samedi matin, elle a pris son petit déjeuner…

L'impératif

3a Transformez les verbes à l'infinitif pour faire une suggestion ou donner une instruction à un copain.

Exemple : regarder le plan → Regarde le plan.

1   retourner à la gare

....

2   prendre la première rue à droite

....

3   traverser le pont

....

4   visiter le musée

....

5   aller sur Internet

....

6   faire du vélo

....

7   trouver une auberge de jeunesse

....

8   partir tout de suite

....

9   tourner à gauche

....

10 lire ces brochures

....

3b Transformez les infinitifs de l'activité 3a pour faire une suggestion ou donner une instruction à un groupe de personnes ou une personne à qui vous dites « vous ».

Exemple : regarder le plan → Regardez le plan.

1   ....

2   ....

3   ....

4   ....

5   ....

6   ....

7   ....

8   ....

9   ....

10 ....

Chapitre 5 : mon bilan

• Mes nouvelles compétences

....

....

....

....

• Ce que j'ai envie de développer

....

....

....

....

6 Mon paradis sur terre

6/1

Lisez le texte. Inventez et dessinez des symboles sur le plan au bon endroit.

> « Bienvenue sur mon île au paradis ! Au centre, il y a un volcan.
> Une rivière va du nord au sud. On peut voir des montagnes au
> nord. À l'ouest, il y a de belles plages au bord de l'océan. Au sud,
> il y a une forêt avec une cascade. À l'est, on trouve un grand
> lac. »

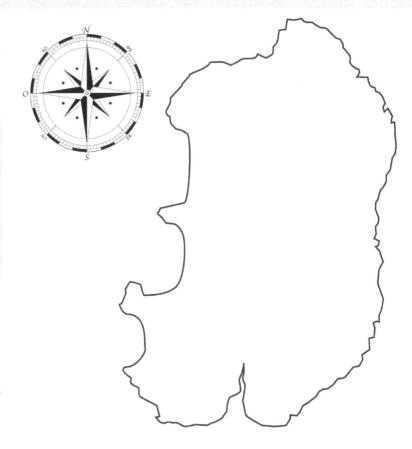

6/2

Lisez les faits géographiques et écrivez des phrases avec *plus* ou *moins*, comme dans l'exemple. Attention ! Il faut choisir la bonne forme de l'adjectif.

Exemple : Deux fleuves importants en France : la Loire (1 012 km) et la Seine (776 km)   **long / longue**
La Loire est <u>*plus longue que*</u> *la Seine. / La Seine est* <u>*moins longue que*</u> *la Loire.*

1   Deux îles françaises : la Corse (8 680 km^2) et l'île d'Oléron (174 km^2)   **grand / grande**

....

2   Deux lacs français : le lac d'Annecy (27 km^2) et le lac de Chalain (44 km^2)   **petit / petite**

....

3   Deux montagnes québécoises : le mont Sainte-Anne (800 mètres) et le mont d'Iberville (1 652 mètres)   **haut / haute**

....

4   Deux volcans réunionnais : le Piton des Neiges (3 millions d'années) et le Piton de la Fournaise (500 000 années)   **vieux / vieille**

....

5   Deux fleuves algériens : la Soummam (195 km) et le Chélif (725 km)   **long / longue**

....

6   Deux océans : l'Atlantique (profondeur maximale 8 605 mètres) et le Pacifique (profondeur maximale 10 911 mètres)   **profond / profonde**

....

6/3

Complétez les mots-croisés du temps.

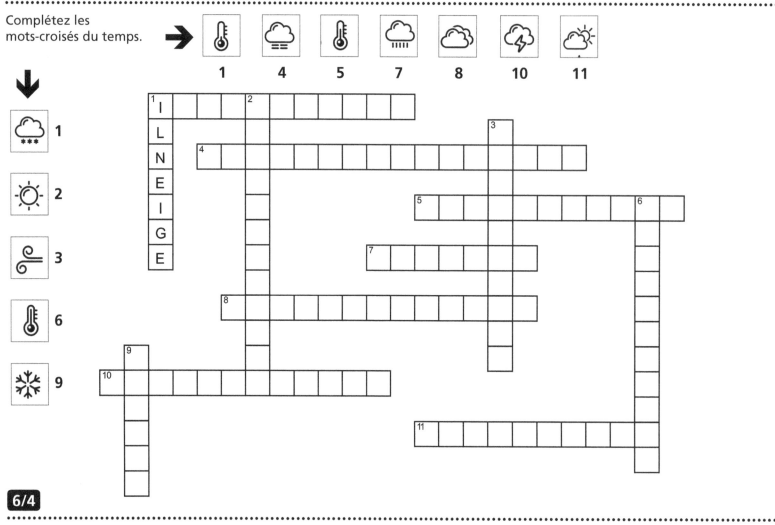

6/4

Regardez les photos et écrivez une carte postale avec des verbes impersonnels (*il fait, il y a, il pleut*, etc.).

Exemple : Salut, je suis en Martinique. Ici, il ne fait pas beau tous les jours : dans les montagnes, il y a de l'orage...

6/5

Lisez les phrases : est-ce que le verbe est au présent (P) ou au passé composé (PC) ?

Exemple : Je suis partie samedi. **PC**

1   On arrive dimanche. ☐

2   Il est venu en juillet. ☐

3   Elle est fatiguée. ☐

4   Je ne suis pas allé à la montagne. ☐

5   Nous sommes restés trois jours. ☐

6   Tu es au bord de la mer ? ☐

7   Vous êtes arrivés quand ? ☐

8   Elles sont montées sur le Piton de la Fournaise. ☐

9   Je suis partie samedi dernier. ☐

10 Mes parents sont passionnés par les voyages. ☐

6/6

Lisez les phrases de Nathan. Entourez le bon participe passé.

Exemple : Cet été, mon père est (parti) */ partie / partis en voyage d'affaires en Suède.*

1   Nous ne sommes pas *parti / partie / partis* avec lui.

2   Ma mère est *resté / restée / restées* à la maison.

3   Ma sœur Louane et moi sommes *allé / allés / allées* en vacances chez ma tante Sylvie en Bretagne.

4   Sylvie est *venu / venue / venues* nous chercher à la gare de Vannes.

5   Sylvie et Louane sont *sorti / sortie / sorties* tous les jours à la plage.

6   Moi, j'étais malade et je suis *resté / restée / restés* trois jours au lit.

7   Mes grands-parents sont *passé / passés / passées* nous voir avant notre départ. C'était sympa.

6/7

Complétez les phrases de Julie avec les verbes au passé composé avec *être*.

Exemple :

1   L'an dernier, je *suis allée* [aller] à Paris avec ma mère.

2   Nous .... [partir] au mois de juillet.

3   Nous avons pris l'Eurostar et nous .... [arriver] à Gare du Nord deux heures et quart après.

4   Le premier soir, ma mère .... [sortir] au théâtre avec son ami Alexis.

5   Moi, je .... [rester] à l'hôtel pour me reposer.

6   Ma mère et Alexis .... [rentrer] à l'hôtel très tard.

7   Alexis .... [retourner] chez lui vers une heure du matin.

8   Le lendemain, Alexis, ma mère et moi .... [monter] à la tour Eiffel. J'ai trouvé ça génial !

9   L'après-midi, je .... [aller] faire du shopping aux Halles.

10 Ma mère et moi .... [rentrer] à la maison en voiture avec Alexis.

Rappel grammaire

Le pronom *où*

1 Reliez les phrases en utilisant le pronom *où*.

Exemple : Tu connais la ville ? Elle habite la ville. → Tu connais la ville <u>où</u> elle habite ?

1 J'aime ces pays. Il fait beau et chaud dans ces pays.

_____

2 La Réunion est une île. Il y a des volcans à la Réunion.

_____

3 Il y a un site web. On trouve beaucoup d'informations utiles sur ce site.

_____

4 Farid a écrit un message. Il a décrit le climat de son pays dans le message.

_____

5 Nous sommes allés en Martinique. Nous avons de la famille en Martinique.

_____

6 J'ai oublié l'année. Napoléon est né cette année.

_____

Les adverbes en *-ment*

2 Complétez la grille avec les adjectifs et adverbes qui manquent. Dans la quatrième colonne, traduisez les adverbes dans votre langue.

adjectif au masculin	adjectif au féminin	adverbe	adverbe dans votre langue
Exemple : parfait	*parfaite*	*parfaitement*	
spécial			
	possible		
		immédiatement	
heureux			
	complète		
		lentement	
naturel			
	sérieuse		
		seulement	

Le passé composé

3 Mettez les mots dans le bon ordre.

Exemple : Je / ici / mes parents / sortis / suis / quand / restée / sont → Je suis restée ici quand mes parents sont sortis.

1   Il / beau / fait / hier / a

....

....

2   Les filles / joué / au tennis / ont

....

....

3   Je / en retard / suis / à la gare / arrivée

....

....

4   Vous / n' / pas / êtes / en Algérie / allé ?

....

....

5   Max / avec / elle / n' / sorti / est / jamais

....

....

6   Ma sœur / est / mais / mon frère / parti / restée / est

....

....

7   Nous sommes / un bon film / vu / allés / au cinéma / et / nous avons

....

....

....

8   Ma mère / sortis / est / sont / restée / les enfants / et

....

....

....

9   J'ai / allés / à droite / les autres / tourné / à gauche / et / sont

....

....

....

10 Les élèves / est / partis / quand / sont / le prof / arrivé

....

....

....

Chapitre 6 : mon bilan

• Mes nouvelles compétences

• Ce que j'ai envie de développer

Révisions de grammaire : Chapitres 4, 5 et 6

Livre de l'élève

de, du, de la, de l', des → Chapitre 4, section A

à, au, à la, à l', aux → Chapitre 4, section F

à / en + transport → Chapitre 5, section D

1 Complétez les phrases avec le bon mot parmi ceux en italique dans l'encadré ci-dessus.

Exemple : Tu vas ....au.... *supermarché ?*

1 Tu as acheté .... chips ?

2 Je ne suis pas végétarien, je mange .... viande de temps en temps.

3 Je vais aller .... centre commercial avant de rentrer.

4 Nous sommes allés .... États-Unis l'année dernière.

5 Mes amis sont restés .... hôtel hier soir.

6 Vous êtes allé .... Paris .... avion ?

7 On n'a pas .... thé, alors tu prends .... café ?

8 Marie ne va pas .... gare parce qu'il n'y a pas .... trains aujourd'hui.

9 Normalement, quand je vais .... restaurant, je bois .... vin.

10 Les touristes sont allés .... château .... autobus.

11 Nous avons fait un pique-nique .... campagne et on a mangé .... sandwiches.

12 Il y a .... eau dans le lac près .... auberge.

Livre de l'élève

l'impératif → Chapitre 5, section F

les verbes impersonnels → Chapitre 6, section C

2 Transformez les phrases impersonnelles en suggestions. Pour cela, mettez à l'impératif les verbes qui sont à l'infinitif.

Exemple : Il est important de manger équilibré.
[à un groupe d'enfants] → *Mangez équilibré !*

1 Il faut manger un bon petit déjeuner.
   [*à un copain*]

   ....

2 Il est important de consulter la météo.
   [*à vos parents*]

   ....

3 Il vaut mieux partir immédiatement.
   [*à vous et vos amis*]

   ....

4 Il est nécessaire d'acheter les billets à l'avance.
   [*à une copine*]

   ....

5 Il faut choisir une spécialité de la région.
   [*à un client dans un restaurant*]

   ....

6 Il ne faut pas oublier de lire son blog.
   [*à vous et vos amis*]

   ....

Livre de l'élève

le passé composé → Chapitre 4, sections B et C ;
chapitre 5, section E ; chapitre 6, section E

3a Remplacez dans chaque phrase le verbe à l'infinitif par la forme correcte du passé composé.

Exemple : Nous n' avons pas mangé [manger] de poisson hier. Et toi ?

1 Max et Marie .... [manger] des

légumes hier. Et toi ?

2 J' .... [faire] mes devoirs dans ma

chambre hier soir. Et toi ?

3 Marie .... [arriver] au lycée de bonne

heure ce matin. Et toi ?

4 Mes amis ne .... [aller] au cinéma le

week-end dernier. Et toi ?

5 Tu .... [passer] tes vacances en

France l'année dernière, non ?

6 Vous n' .... [sortir] le week-end

dernier ?

7 Nous .... [prendre] le train pour

venir au lycée ce matin. Et toi ?

8 À midi, nous .... [aller] à la cantine

et nous .... [choisir] du poisson avec

des frites. Et toi ?

3b Sur une feuille, écrivez vos réponses aux questions de l'activité 3a.

Exemple : Moi, j'ai mangé du poisson hier. / Moi non plus, je n'ai pas mangé de poisson hier.

Faites vos preuves !

Sur une feuille, répondez aux questions ci-dessous et marquez un point à chaque fois que vous utilisez un point de grammaire de la liste.

1 Est-ce que votre ville est une destination idéale pour les touristes étrangers ? Expliquez.

Exemple : À mon avis, ma ville n'est pas une destination idéale pour les touristes. Le climat n'est pas <u>très</u> agréable et <u>il pleut</u> <u>beaucoup</u>. En hiver, il fait <u>plus froid que</u> le Pôle nord.

[= 4 points]

2 Qu'est-ce que vous avez mangé hier ?

Exemple : <u>Je suis allée</u> en ville hier et <u>j'ai mangé</u> un sandwich au café. C'était <u>assez</u> bon.

[= 3 points]

3 C'est comment, là où vous habitez ? Qu'est-ce qu'il y a pour les jeunes ?

Exemple : <u>Il y a</u> un centre sportif <u>près de</u> la gare <u>où</u> on peut faire du sport mais <u>il faut</u> être membre.

[= 4 points]

Points de grammaire	Cochez ✔
l'article partitif : *du, de la*, etc.	
le passé composé avec *avoir*	
le passé composé avec *être*	
le passé composé dans une phrase négative	
les prépositions	
les adverbes d'intensité	
les adverbes en -*ment*	
le pronom *où*	
le comparatif des adjectifs	
les verbes impersonnels	

7 Temps libre

7/1

Reliez pour trouver les 10 activités de loisirs.

Exemple : 1 H, aller sur Internet

1	**aller**	**H**	A	de la musique
2	écouter		B	un livre / une BD
3	faire		C	un instrument
4	jouer à		D	des jeux sur ordinateur
5	jouer d'		E	son journal intime
6	lire		F	pour un match
7	regarder		G	du sport
8	s'entraîner		**H**	**sur Internet**
9	écrire		I	un musée
10	visiter		J	la télé / des DVD

7/2

Choisissez le pronom relatif (*qui, que* ou *qu'*) qui convient le mieux pour compléter les phrases.

Exemple : Titanic, c'est le film qui / que / qu' je préfère.

1 C'est mon frère *qui / que / qu'* aime regarder la télé.

2 Regarder la télé, c'est une activité *qui / que / qu'* je déteste.

3 Les émissions *qui / que / qu'* m'intéressent le plus ? Les jeux.

4 *Plus belle la vie*, c'est une émission *qui / que / qu'* Alice ne regarde jamais.

5 *Koh Lanta* est une émission de téléréalité *qui / que / qu'* passe sur TF1.

6 Je ne sais pas *qui / que / qu'* joue dans le film à la télé ce soir.

7/3

Complétez les phrases pour vous.

Exemple

1 L'émission de télé que je déteste, c'est une émission sur les sports.

2 L'émission de télé qui m'intéresse le plus passe le samedi soir.

1 L'émission de télé que ....

....

....

....

2 L'émission de télé qui ....

....

....

....

7/4

Écrivez une phrase dans la bulle de chaque musicien, comme dans l'exemple.

Exemple : 1 Je joue de la batterie.

Attention !

jouer du + nom masculin

jouer de la + nom féminin

jouer de l' + nom qui commence par une voyelle ou un *h*

1 ....

....

2 ....

....

3 ....
....

4 ....
....

5 ....
....

6 ....
....

Complétez les phrases avec *jouer au, jouer du / de la / de l'* ou *faire du / de la / de l'*. Écrivez le verbe à la forme correcte.

Exemple :

1 *Tu aimes* ....*jouer au*........ *football ?*

2 Tu vas .... piano au concert du lycée ?

3 Il .... natation dans un club régional.

4 Est-ce que tu .... ski en hiver ?

5 Mon frère .... guitare depuis deux ans.

6 Est-ce que vous .... gymnastique ?

7 Je ne joue pas de violon, je .... alto.

8 Il ne fait pas d'équitation, il .... escalade.

Écrivez les phrases au passé composé.

Exemple : Anne se couche. → Anne s'est couchée.

1 Je me lève à sept heures.

....

2 On s'ennuie le week-end.

....

3 Ma mère s'entraîne tous les jours.

....

4 Mes cousins s'amusent en France.

....

5 Hugo s'intéresse aux émissions sportives.

....

6 Nous nous douchons tous les jours.

....

Regardez les photos. Qu'est-ce que Paul a fait samedi dernier ? C'était comment ? Il s'est bien amusé ? Il s'est ennuyé ? Imaginez ! Écrivez un paragraphe pour décrire les images.

Exemple : Samedi dernier, Paul s'est levé à neuf heures. Il...

....

....

....

....

....

7/8

Rappel grammaire

Les pronoms relatifs *qui, que / qu'* et *où*

1 Complétez les phrases avec le pronom relatif approprié.

Exemple : Tu connais le réseau social ....*que*........ *je préfère ?*

1 Nous sommes allés au cinéma .... est près de la gare.

2 C'est le cinéma .... on jouait un film d'horreur.

3 J'ai rencontré un copain .... t'a vu hier soir.

4 Voici le message .... il a reçu.

5 Vous avez lu le blog .... ma copine écrit ?

6 J'ai oublié les livres .... tu m'as prêtés la semaine dernière.

7 Regarder la télé est une activité de loisir .... ne m'intéresse pas beaucoup.

8 Le centre sportif est un endroit .... on va très rarement.

9 Est-ce qu'il y a quelqu'un ici .... écoute régulièrement la radio ?

10 Quel est le sport .... les jeunes Français préfèrent ?

11 J'écris à un copain .... a joué au football avec moi.

12 Brest est une ville .... il y a beaucoup de choses à faire.

Depuis

2a Toutes ces actions ont commencé dans le passé et continuent encore. Complétez les phrases avec la forme correcte du verbe entre parenthèses.

Exemple : On ....*fait*........ *[faire] du yoga depuis trois ans.*

1 Je .... [*venir*] à ce lycée depuis six mois.

2 Tu .... [*jouer*] d'un instrument de musique depuis quand ?

3 Mon frère .... [*adorer*] lire les BD depuis son enfance.

4 Nous .... [*sortir*] seuls le soir depuis l'âge de seize ans.

5 Vous .... [*suivre*] cette série depuis le premier épisode ?

6 Les filles .... [*s'entraîner*] tous les mercredis depuis le début de l'année.

7 Je .... [*soutenir*] l'équipe de Montpellier depuis longtemps.

8 L'équipe .... [*participer*] aux championnats de handball depuis cinq ans.

9 Tes parents .... [*jouer*] au golf depuis quand ?

10 Depuis six mois, je .... [*faire*] du bénévolat dans un centre pour enfants et adolescents handicapés.

2b Sur une feuille, traduisez les phrases de l'activité 2a dans votre langue.

Les verbes pronominaux au passé composé

3 Complétez les réponses, comme dans l'exemple.

Exemple : Je me suis bien amusé hier soir. Et toi ?
→ Oui, je me suis bien amusé(e).

1 Mes amis se sont ennuyés pendant le concert. Et toi ?

Oui, je ....

2 Ma sœur s'est bien reposée après le match. Et les autres ?

Oui, elles ....

3 Je me suis levé très tôt ce matin. Vous aussi ?

Oui, nous ....

4 Lola s'est promenée au bord de la mer. Son copain aussi ?

Oui, il ....

5 Ali et Olivier se sont douchés après le match. Toi aussi ?

Oui, je ....

6 Vous aussi, vous vous êtes intéressés à l'exposition au musée ?

Oui, on ....

7 Marie s'est occupée des animaux. Ses copains aussi ?

Oui, ils ....

8 Nous nous sommes couchés tard tous les soirs. Et toi ?

Oui, je ....

9 Karim s'est ennuyé pendant les grandes vacances. Et toi ?

Oui, moi aussi, je ....

10 Mes copains et moi, on s'est bien amusés au théâtre. Et vous ?

Oui, bien sûr, nous .... !

4 Écrivez des réponses négatives aux questions de l'activité 3.

Exemple : Je me suis bien amusé hier soir. Et toi ?
→ Non, je ne me suis pas bien amusé(e).

1 ....

2 ....

3 ....

4 ....

5 ....

6 ....

7 ....

8 ....

9 ....

10 ....

Chapitre 7 : mon bilan

• Mes nouvelles compétences

....

....

....

....

• Ce que j'ai envie de développer

....

....

....

....

8 Projets de vacances

1 C'est où ? Reliez les deux parties et trouvez le nom des pays.

Exemple : 1 B Australie

2 Ensuite, écrivez *à*, *au*, *aux* ou *en* devant chaque pays, comme dans l'exemple.

1	*en* Aus	**B**	**A** ya
2	.... Bré..........................		**B** *tralie*
3	.... Chi..........................		**C** sil
4	.... Émirats...................		**D** pte
5	.... États.......................		**E** de
6	.... In............................		**F** Arabes Unis
7	.... It............................		**G** -Unis
8	.... Ken........................		**H** on
9	.... Jap.........................		**I** -Uni
10	.... Royaume................		**J** alie
11	.... Ru..........................		**K** ne
12	.... Égy........................		**L** ssie

8/2

1 Répondez aux questions du quiz avec *plus* ou *moins* + la forme correcte de l'adjectif, comme dans l'exemple.

2 Ensuite faites le quiz. Cochez *oui* ou *non*.

Quiz : Vous êtes un voyageur intrépide ?

		oui	non
1	Pour votre voyage de rêve, vous choisissez la destination la *plus lointaine* .... ? [lointain]	☐	☐
2	Vous choisissez le pays le .... ? [chaud]	☐	☐
3	Avant de partir, vous lisez les guides les .... ? [complet]	☐	☐
4	Vous aimez l'avion parce que c'est le moyen de transport le .... ? [rapide]	☐	☐
5	Vous préférez les cars et les bus parce qu'ils sont les .... ? [cher]	☐	☐
6	À votre avis, les trains sont les .... ? [confortable]	☐	☐
7	Voyager en voiture, c'est la solution la .... ? [sociable]	☐	☐
8	Les voyages longs sont les .... ? [intéressant]	☐	☐

3 Écrivez un résumé de vos réponses (à la première personne).

Exemple : Pour mon voyage de rêve, je choisis ....

....

....

....

....

....

....

8/3

Lisez les détails pour un voyage en train. Complétez la réservation.

> Je voyage avec mon père.
> J'ai dix-sept ans et il a quarante-six
> ans. Nous allons de Lille à Paris
> le 11 mars le matin après 10 h et nous
> rentrerons le 15 mars le soir après
> dix-huit heures. Trains directs et les
> moins chers de préférence. Nous
> n'avons pas de cartes.

HORAIRES
& RÉSERVATION

☐ 1ère classe   ☐ 2nde classe

Départ

....

Arrivée

....

Aller

........../........../20..............

À partir de

................h

Retour

........../........../20..............

À partir de

................h

☐ Trajets directs uniquement

☐ Vous avez une carte de réduction,
un programme de fidélité, etc.

Passager 1

☐ -12 ans
☐ 13–25 ans
☐ 26–59 ans
☐ +60 ans

Passager 2

☐ -12 ans
☐ 13–25 ans
☐ 26–59 ans
☐ +60 ans

Passager 3

☐ -12 ans
☐ 13–25 ans
☐ 26–59 ans
☐ +60 ans

Passager 4

☐ -12 ans
☐ 13–25 ans
☐ 26–59 ans
☐ +60 ans

RECHERCHE AVANCÉE   **RECHERCHE**

8/4

Reliez chaque question à la réponse qui convient le mieux, comme dans l'exemple.

1 **C'est combien, un emplacement au camping ?** → **D**

A Oui, j'ai une chambre au deuxième étage.

2 Est-ce que vous avez une chambre double avec salle de bains ? ☐

B Oui, ce n'est pas cher et il y a des jeunes de tous les pays.

3 Est-ce qu'il y a des gîtes dans le centre-ville ? ☐

C Non, nous réserverons une chambre dans un hôtel.

4 Est-ce que vous allez réserver une chambre d'hôtes ? ☐

D **C'est 15 euros par personne pour une nuit.**

5 Est-ce que vous choisirez d'aller à l'hôtel ? ☐

E Oui, parce qu'il y a une piscine et une connexion wifi.

6 Est-ce qu'on dormira à l'auberge de jeunesse ? ☐

F Oui, ils sont dans le centre-ville et aussi à la campagne.

8/5

Max n'a pas beaucoup d'argent. Marie a gagné 10 000 euros.

Imaginez : qu'est-ce qu'ils feront pendant leurs vacances ? Écrivez quatre phrases pour chacun.

Exemple : Max partira à pied. Il dormira… Il fera…

Max

....

....

....

....

Marie

....

....

....

....

8/6

Remplissez chaque blanc dans le texte avec le mot de l'encadré qui convient le mieux.

> • auront • coûtera • dormiront • ferons • partira
> • réserverai • restera • sera • seront

Les vacances du futur

Voici ma vision. Dans 30 ans, on [1] .... en

vacances sur la lune. Les touristes [2] .... dans

un hôtel spatial en orbite. Les chambres [3] ....

grandes et elles [4] .... une piscine privée.

Ce [5] .... intéressant, non ?

Au début, ça [6] .... réservé aux touristes

très, très riches parce que le voyage

[7] .... cher. Mais un jour, nous

[8] .... tous des voyages comme ça. Et moi,

je [9] .... ma place le plus tôt possible !

Rappel grammaire

Le comparatif et le superlatif

1 Soulignez la bonne option pour chaque phrase.

Exemple : Les hôtels sont...

A confortables

B _plus confortables_

C les moins confortables

...que les campings.

1 Voyager en avion est...

A intéressant

B moins intéressant

C le moins intéressant

...qu'en train.

2 Je voudrais voyager...

A souvent

B plus souvent

C le plus souvent

...possible.

3 Je pense que la France est...

A beau

B plus beau

C le plus beau

...pays du monde !

4 Vous pouvez recommander un hôtel pas trop...

A grand,

B plus grand,

C le plus grand,

...s'il vous plaît ?

5 Le petit déjeuner ce matin est...

A bon

B meilleur

C le meilleur

...qu'hier.

6 Cet été, le temps était...

A mauvais

B pire

C le pire

...que l'année dernière.

2 Remplissez chaque blanc par un comparatif ou un superlatif.

> **Rappelez-vous :**
> - comparatif : *plus / moins... que*
> - superlatif : *le / la / les plus / moins... (de)*
>
> Attention aux adjectifs irréguliers : *bon → meilleur ; mauvais → pire.*

Exemple : Ma chambre coûte 50 euros. Ta chambre, à 45 euros, est <u>*moins chère*</u> *[chère] que la mienne.*

1 Paris est .... [*belle*] de toutes les villes de France.

2 L'avion, c'est .... [*mauvais*] que le train pour l'environnement.

3 Ce camping 5 étoiles est .... [*bon*] de toute la région.

4 Comme temps, la pluie, c'est .... [*mauvais*] pour les vacances en camping.

5 L'été prochain sera .... [*bon*] que l'été dernier.

3 Sur une feuille, écrivez six phrases avec des comparatifs et des superlatifs sur ces thèmes :
- ma ville
- mon pays
- mes vacances

Exemple : Ma ville est <u>*la plus grande*</u> *ville de la région.*

Le futur simple

4 Conjuguez au futur simple les verbes à l'infinitif (entre parenthèses). Attention, ils sont tous irréguliers !

je [*faire*]	tu [*aller*]	nous [*avoir*]
ferai	....	....
elles [*aller*]	vous [*faire*]	elles [*être*]
....	....	....
ils [*avoir*]	on [*avoir*]	elle [*aller*]
....	....	....
nous [*être*]	je / j' [*aller*]	ils [*faire*]
....	....	....

5 Complétez ces phrases avec la forme correcte du verbe au futur simple.

Exemple : Demain, s'il fait beau, nous ___irons___ [aller] en ville.

1 La semaine prochaine, je .... [*prendre*] le car pour aller en ville.

2 Le mois prochain, nous .... [*faire*] la visite du musée.

3 L'année prochaine, mon frère .... [*partir*] en vacances avec nous.

4 S'il pleut, les touristes n' .... [*aller*] pas à la plage.

5 Tu .... [*avoir*] un train après minuit ce soir ?

6 Comment est-ce que vous .... [*voyager*] pendant vos vacances ?

7 Comment .... [*être*] le temps ce week-end, à ton avis ?

8 Qu'est-ce que tu .... [*faire*] à la campagne s'il pleut ?

6 Écrivez quatre phrases expliquant vos bonnes résolutions pour l'avenir.

Exemple : Je ferai plus de sport. Je regarderai moins la télé…

1 ....

....

2 ....

....

3 ....

....

4 ....

....

Chapitre 8 : mon bilan

• Mes nouvelles compétences

....

....

....

....

• Ce que j'ai envie de développer

....

....

....

....

Révisions de grammaire : Chapitres 7 et 8

1 Répondez aux questions : écrivez une phrase en utilisant les mots entre parenthèses.
Mettez les verbes au bon temps !

Exemple : Tu te reposes ? [hier]

> *→ Oui, je me suis reposé(e) hier.*

1 Il s'entraîne au violon ? [*depuis une heure*]

Oui, ...

....

2 Vous vous entraînez ? [*demain, avant le match*]

Oui, ...

....

3 Ils se promènent souvent ? [*le week-end dernier*]

Oui, ...

....

4 Tu t'occupes d'enfants ? [*depuis un an*]

Oui, ...

....

5 Elle se lève tôt ? [*la semaine prochaine*]

Oui, ...

....

6 Elles s'ennuient au théâtre ? [*hier soir*]

Oui, ...

....

2 Remplissez le blanc avec la bonne préposition. Ensuite, reliez les deux phrases en utilisant *qui* ou *que* et recopiez-les en une phrase plus longue.

Exemple : Voici <u>Marie</u>. <u>Marie</u> jouera .... football demain avec toi.

> *Voici Marie <u>qui</u> jouera <u>au</u> football demain avec toi.*

1 Tu connais <u>le nouvel élève</u> ? <u>Il</u> joue .... violon dans l'orchestre.

....

2 Je fais .... <u>ski nordique</u>. <u>Le ski nordique</u> est un bon sport pour garder la forme.

....

3 Il joue .... handball dans <u>une équipe</u>. Je ne connais pas <u>cette équipe</u>.

....

4 Nous jouons .... <u>musique moderne</u>. Je trouve <u>cette musique</u> ennuyeuse.

....

5 Voici <u>Étienne</u>. <u>Étienne</u> fait .... compétitions de natation.

....

6 Comme sport, il fait .... boxe. Je déteste <u>la boxe</u> !

....

Livre de l'élève

le comparatif → Chapitre 8, section C

les prépositions *à* et *en* → Chapitre 8, section B

3a Remettez les mots dans le bon ordre pour faire des phrases correctes.

Exemple : plus / que / la / Paris / métro / À / rapide / est / le / voiture.

À Paris, le métro est plus rapide que la voiture.

1 le / confortable / France / En / TGV* / est / que / train / plus / le / ordinaire.

....

....

* TGV : train à grande vitesse

2 Aux / sont / voyages / en / moins / avion / les / en / États-Unis / chers / qu' / Europe.

....

....

3 Au / Shinkansen / le / Japon / plus / autres / train / est / les / trains. / que / rapide

....

....

4 À / Côte d'Ivoire / à / métro / le / est / plus / Abidjan* / récent / qu' / en / Paris.

....

....

* Abidjan : capitale de la Côte d'Ivoire

5 Angleterre / le / France. / est / En / populaire / moins / qu' / en / handball

....

....

Faites vos preuves !

Sur une feuille, répondez aux questions ci-dessous et marquez un point à chaque fois que vous utilisez un point de grammaire de la liste.

1 Quelles sont vos activités de vacances préférées ?

Exemple : Je fais <u>du</u> bénévolat avec les personnes âgées <u>que</u> j'aime beaucoup <u>parce que</u> je trouve qu'elles sont <u>plus</u> amusantes <u>que</u> les enfants. Je fais du bénévolat <u>depuis</u> deux ans. <u>Je me suis</u> bien <u>amusée</u> la dernière fois <u>à la</u> maison de retraite. <u>C'était</u> très sympa, surtout avec M. Dutour. C'est le grand-père <u>le plus drôle</u> du monde !

[= 9 points]

2 Comment imaginez-vous les activités de loisirs dans 20 ans ?

3 Comment s'est passée la première journée de vos dernières vacances ?

Points de grammaire	Cochez ✔
qui et *que*	
depuis	
verbe + préposition *à* / *de*	
les verbes pronominaux au passé composé	
c'était + adjectif	
les connecteurs logiques : *mais, par contre, parce que*	
les prépositions *à la* / *à l'* / *au* / *aux* et *en*	
le comparatif	
le superlatif	
le futur simple	

9 Au lycée

9/1

Retrouvez les noms de matières scolaires dans les anagrammes. Ajoutez *le, la, l'* ou *les*.

Exemple :

1 s i n r a ç a f   *le français*

2 o i s h i t r e - h i g o g r a p é e

3 h i s y p e u q - i m i h e c

4 q u a m m i t h é a s t e

5 u s q i m u e

6 l u s a g n e   s t i v a v n e

9/2

Reliez le début de chaque phrase avec la fin qui convient le mieux, comme dans l'exemple.

1	*Ce que*	**C**
2	Selon mon prof de français, ce qui	
3	Nous, ce qu'	
4	J'adore les maths. C'est ce que	
5	J'ai choisi musique. C'est ce qu'	
6	Les maths sont obligatoires. C'est ce qu'	

A on n'aime pas au lycée, ce sont les locaux.

B je trouve le plus facile après la physique-chimie.

C *Léo préfère, c'est la géographie.*

D Alice trouve le plus utile.

E est le plus important, c'est la grammaire !

F il y a comme option dans mon lycée.

9/3

Mettez les verbes entre parenthèses au conditionnel.

Exemple :

1 La matière que j'   *aimerais*   [*aimer*] faire, c'est le latin.

2 L'idéal pour moi _____ [*être*] de faire trois langues vivantes.

3 En général, les garçons _____ [*adorer*] faire plus de sport au lycée.

4 Dans mon lycée idéal, il n'y _____ [*avoir*] pas de devoirs !

5 Au lycée idéal, nous _____ [*passer*] moins d'examens.

6 Pour moi, les journées scolaires _____ [*être*] moins longues.

7 Vous _____ [*étudier*] combien de matières dans votre école idéale ?

8 Tu _____ [*être*] d'accord pour étudier plus de langues ?

9/4

Soulignez le mot qui convient le mieux pour compléter les questions.

Exemple : Où / Pourquoi / Quand est votre professeur ?

1 *Pourquoi / Qui / Lequel* faut-il aller à l'école ?

2 *Combien / Quelle / Qui* est ta matière préférée ?

3 Ils ont *combien / comment / lesquelles* d'heures de cours par semaine ?

4 *Combien / Quels / Qui* est ton prof de français cette année ?

5 Certaines matières sont obligatoires. Est-ce que tu sais *laquelle / lesquelles / qui* ?

6 *À quelle heure / Quel / Comment* les cours commencent-ils le lundi ?

9/5

Écrivez deux autres façons de poser les questions suivantes.

Exemple : Vous aimez le français ?

→ *Est-ce que vous aimez le français ?*

→ *Aimez-vous le français ?*

1   On fait maths et chimie ?

....

....

2   Tu as EPS aujourd'hui ?

....

....

3   Elle finit à 16h00 ?

....

....

4   Ils rentrent en janvier ?

....

....

5   Vous avez votre emploi du temps ?

....

....

6   Il y a des élèves dans la cour ?

....

....

7   Il aime les activités périscolaires ?

....

....

9/6

1 Relisez les informations dans les sections A à H au chapitre 9 du livre de l'élève et complétez la grille.

	en France	dans mon pays
La rentrée, c'est quand ?		
À quelle heure commencent les cours ?	*vers 8h00*	
À quelle heure finissent les cours ?		
Va-t-on en cours le mercredi ?		
Combien d'heures de cours y a-t-il par semaine dans un lycée ?	*entre 28h30 et 31h30*	
Porte-t-on un uniforme ?		
Comment s'appelle la dernière année au lycée ?		
Quand passe-t-on des examens ?	*En juin*	
Combien de temps durent les vacances d'été ?		

2 Utilisez les informations dans votre grille pour écrire un paragraphe sur le lycée en France et dans votre pays.

Exemple : En France, on a neuf semaines de vacances en été mais dans mon pays les vacances sont plus courtes.

....

....

....

....

....

....

....

....

Rappel grammaire

Le conditionnel

1 Conjuguez les verbes à l'infinitif au conditionnel présent.

Défi ! Complétez ces deux grilles en moins de trois minutes !

Pour trouver la forme correcte des verbes au conditionnel, pensez aux formes du futur (voir Chapitre 8).

a Les verbes réguliers au conditionnel :

b Les verbes irréguliers au conditionnel :

je [*participer*] *participerais*	tu [*aimer*] ....
il / elle / on [*prendre*]	vous [*partir*] ....
ils / elles [*durer*]	il / elle / on [*sortir*] ....
nous [*préférer*]	je [*commencer*] ....
nous [*finir*]	ils / elles [*aider*] ....
il / elle / on [*s'intéresser*]	vous [*apprendre*] ....

je [*être*] *serais*	tu [*aller*] ....
il / elle / on [*être*]	vous [*faire*] ....
ils / elles [*avoir*]	il / elle / on [*aller*] ....
nous [*être*]	tu [*avoir*] ....
nous [*avoir*]	ils / elles [*être*] ....
il / elle / on [*aller*]	je [*faire*] ....

2 Choisissez cinq verbes au conditionnel (dans les grilles ci-dessus) et utilisez-les dans une phrase.

Exemple : je participerais → Dans mon lycée idéal, je participerais aux activités sportives.

1 ....

2 ....

3 ....

4 ....

5 ....

Ce qui et ce que

3 Complétez les phrases avec *ce qui* ou *ce que / ce qu'*.

Exemple : Je n'entends pas bien pas <u>*ce que*</u> *tu dis.*

1 Je ne comprends pas toujours .... le prof explique.

2 Tout ....je veux, c'est d'avoir de bonnes notes !

3 Son problème en maths ? Elle oublie .... elle apprend en cours !

4 ....t'intéresse le plus, c'est l'histoire ?

5 J'ai besoin de tout .... est dans mon cartable.

6 ....m'aide le plus pour le vocabulaire, c'est une appli sur mon portable.

7 Je ne sais pas .... il faut faire pour améliorer mon lycée.

8 La pause-déjeuner dure deux heures, ... est trop long à mon avis.

9 ....nous aimons le plus, c'est le travail manuel.

10 Expliquez-moi .... il ne comprend pas.

11 ....j'aime le plus en français, c'est discuter en groupe.

12 Je dois manger à la cantine, ... ne me plaît pas beaucoup.

13 J'apprécie vraiment..................................... les profs font pour aider les élèves.

Le verbe *pouvoir*

4 Complétez chaque phrase avec la forme correcte du verbe *pouvoir*.

Exemple : Est-ce qu'on <u>*peut*</u> *faire musique dans ton lycée ?*

1 Je ne .... pas dire que j'aime les maths !

2 Est-ce que vous .... manger en classe à midi ?

3 On ne .... pas jouer au football dans la cour du lycée.

4 Tu .... m'aider avec les devoirs d'histoire ?

5 Nous .... sortir du lycée pendant la pause-déjeuner.

6 Est-ce que les lycéens français .... porter des baskets ?

7 Est-ce que tu vas .... porter ton cartable ?

8 J'aimerais .... aller dans une école internationale.

Chapitre 9 : mon bilan

* Mes nouvelles compétences

....

....

....

....

* Ce que j'ai envie de développer

....

....

....

....

10 Faites la fête !

10/1

Complétez les phrases avec le pronom disjoint qui convient.

Exemple :

1 – C'est pour Arthur, ce cadeau ?

– Oui, c'est pour .... *lui* ....

2 – Tu vas au bal avec ta copine ?

– Non, je ne vais pas avec .... parce qu'elle est malade.

3 J'ai toujours fait le réveillon du Nouvel An avec mes parents, mais cette année, ils m'ont autorisé à sortir

sans ....

4 Ta copine Alice et ...., vous faites toujours la Fête des rois ?

5 Ma famille et .... ne célébrons jamais les anniversaires.

6 Mes grands-parents, ..., ils détestent Halloween mais ...., on adore ça !

7 – On va fêter Noël chez Marie et Lila ?

– Non, on n'ira pas chez ...., elles ne seront pas là.

8 Le 14 juillet, j'irai au feu d'artifice. Et ...., Pierre et Céline, qu'est-ce que vous faites ?

9 J'aime bien faire la cuisine, alors c'est .... qui prépare le repas.

10 Mes parents, ..., sont nuls en cuisine.

10/2

Lisez l'article sur Noël à la section C du chapitre 10 dans le livre de l'élève et, pour chaque début de phrase, cochez la fin de phrase qui convient le mieux.

1 Traditionnellement, au Québec, le soir de Noël, on mange…

A un biscuit et on boit un verre de lait.	☐
B une bûche ou un gâteau en dessert.	☐
C un jambon de Noël.	☐
D des pâtes avec de la viande.	☐

2 Au Québec,…

A les maisons ne sont pas décorées à Noël.	☐
B on décore uniquement un sapin dans les maisons.	☐
C il y a beaucoup de décorations à l'extérieur.	☐
D toutes les décorations sont blanches.	☐

3 À la Guadeloupe, on fête souvent Noël…

A à la plage.	☐
B au centre commercial.	☐
C dans la rue.	☐
D dans la maison.	☐

4 À la Guadeloupe, le repas de Noël est à base…

A de rhum.	☐
B de viande.	☐
C de légumes.	☐
D de poisson.	☐

5 En Nouvelle-Calédonie, le marché de Noël se trouve…

A à la plage.	☐
B au centre de Nouméa.	☐
C dans un chalet.	☐
D à la campagne.	☐

6 En Nouvelle-Calédonie, à Noël,…

A il fait assez chaud.	☐
B il fait assez froid.	☐
C il fait très chaud.	☐
D il fait très froid.	☐

7 Dans certains quartiers de Ouagadougou, quelquefois, le père Noël…

A arrive à vélo.	☐
B fait un tour à cheval.	☐
C voyage en voiture.	☐
D arrive en bateau.	☐

8 À Noël, au Burkina Faso,…

A tout le monde a des cadeaux.	☐
B seuls les enfants ont des cadeaux.	☐
C on offre une chèvre en cadeau.	☐
D on ne donne pas de cadeaux.	☐

10/3

Complétez la conversation. Mettez les verbes entre parenthèses au présent, comme dans l'exemple.

– Salut, Axelle. Tu _____veux_____ [1 *vouloir*] sortir avec moi samedi après-midi ?

– Euh non, je ne _____[2 *pouvoir*] pas. Je _____[3 *devoir*] rester chez moi. Avec mes parents, on _____[4 *devoir*] décorer le sapin de Noël.

– On _____[5 *pouvoir*] sortir samedi soir, peut-être ?

– D'accord, je _____[6 *vouloir*] bien. Max et Lili _____[7 *pouvoir*] venir aussi, non ? Ce serait sympa.

– Euh, oui. Nous _____[8 *pouvoir*] tous sortir ensemble si tu _____[9 *vouloir*]. Par contre, l'après-midi, j'irai au cinéma avec mon frère.

– Vous _____[10 *vouloir*] voir le film d'horreur ? Vous _____[11 *devoir*] réserver à l'avance si vous _____[12 *pouvoir*].

– D'accord. Je demanderai à mon père s'il _____ [13 *pouvoir*] acheter des billets ce soir.

10/4

Écrivez les verbes entre parenthèses à l'impératif.

Les crêpes de la chandeleur
250 g de farine
3 œufs entiers
½ l de lait froid
4 c. à soupe de sucre semoule
75 g de beurre fondu
1 c. à soupe d'huile
1 pincée de sel fin

1 Tout d'abord, _____ [*mettre*] la farine, le sucre et le sel dans un grand bol.

2 Ensuite, _____[*ajouter*] les œufs, le lait, le beurre et l'huile.

3 Puis _____[*mélanger*] bien le tout pour obtenir une pâte fluide.

4 Après cela, _____[*laisser*] reposer la pâte un quart d'heure.

5 Pour finir, _____ [*faire*] cuire les crêpes dans une poêle chaude, environ une minute chaque côté. _____[*faire*] sauter les crêpes dans la poêle !

Rappel grammaire

Pouvoir, *devoir* et *vouloir* au présent

1 Écrivez le pronom qui convient devant chaque verbe. Utilisez chacun des neuf pronoms suivants :
je, *tu*, *il / elle / on*, *nous*, *vous*, *ils / elles*.

je / tu .... peux	.... devez	.... dois	.... voulez	.... doivent	.... dois
.... voulons	.... pouvons	.... veut	.... devons	.... pouvez	.... peut
.... doit	.... veux	.... peux	.... peuvent	.... veulent	.... veux

Les pronoms disjoints

2 Complétez les phrases avec un pronom disjoint et un pronom sujet, comme dans l'exemple.

Faites bien attention au verbe pour choisir le bon pronom !

Exemple : Toi, tu n'as pas besoin de faire la cuisine, mais, ... moi .... , ... je .... dois la faire.

1 Toi, tu n'as pas le droit de manger du chocolat, mais .... , ... pouvons !

2 Je n'ai pas envie d'aller à la fête avec mes parents, mais .... , ... doivent y aller.

3 Nous n'aimons pas le chocolat, mais .... , ... peux en manger si tu veux !

4 Nous n'allons pas à l'église à Noël. Et .... , ... devez y aller ?

5 Tu refuses d'aller à la fête ?! .... , ... veux y aller, j'adore ça !

6 Lucie n'a pas envie de fêter Noël avec ses sœurs, mais .... , ... veulent une grande fête de famille.

7 Marc et Lucie ne s'entendent pas bien : .... , ... veut toujours sortir mais elle, jamais !

8 Moi, j'aime Noël, mais mes parents, ... , ... préfèrent le Jour de l'An.

9 Il y a une fête au lycée pour la Saint-Valentin. Je voudrais y aller mais mon copain, ... , ...
ne veut pas.

10 Chez moi, on ne célèbre jamais la Chandeleur. Par contre, mes amis, ... , ... mangent des
crêpes ce jour-là.

Pouvoir, devoir et *vouloir* au conditionnel

3 Écrivez le pronom qui convient devant chaque verbe. Utilisez chacun des neuf pronoms suivants :
je, tu, il / elle / on, nous, vous, ils / elles.

je / tu .... pourrais	.... devraient	.... devrais	.... devriez	.... devrais	.... voudriez
.... pourrions	.... pourrait	.... devrions	.... voudrions	.... voudrais	.... voudrait
.... voudrais	.... pourriez	.... pourraient			

4 Remplissez la grille le plus vite possible avec les verbes au conditionnel.

pouvoir		vouloir		devoir	
je *pourrais*	nous	tu	vous	nous	je ....
il	ils	ils	je	tu	vous ....
tu	vous	il	nous	ils	il ....

5 Sur une feuille, imaginez une fin pour les phrases suivantes. Utilisez *devoir*, *pouvoir* ou *vouloir* au conditionnel.

Exemple :

1 Pour réussir votre fête de famille, vous [*devoir*] *devriez envoyer des invitations longtemps à l'avance.* ....

2 Avec plus de temps avant Noël, je [*pouvoir*]...

3 Pour les prochaines fêtes, ma famille et moi [*vouloir*]...

4 Pour fêter son anniversaire, mon père [*pouvoir*]...

5 Pour fêter un anniversaire sans beaucoup d'argent, les jeunes [*devoir*]...

Chapitre 10 : mon bilan

- Mes nouvelles compétences
- Ce que j'ai envie de développer

....

....

....

Révisions de grammaire : Chapitres 9 et 10

Livre de l'élève

les mots interrogatifs → Chapitre 9, section F

les styles de question → Chapitre 9, section F

1 Choisissez dans l'encadré le mot interrogatif qui correspond à l'élément souligné.
Reformulez chaque question en suivant le style indiqué (familier ou soutenu), comme dans l'exemple.

> • combien • comment • où
> • pourquoi • quand • quel • quelle

Exemple : J'ai huit cours par jour. Et toi ?

> *[familier] Tu as combien de cours par jour ?*
>
> *[soutenu] Combien de cours as-tu par jour ?*

1 Je vais au collège en bus. Et toi ?

[*familier*] ....

2 Comme langue étrangère, j'apprends l'anglais. Et toi ?

[*familier*] ....

3 Comme sport, nous faisons du judo. Et vous ?

[*soutenu*] ....

4 En général, mes parents fêtent leur anniversaire au restaurant. Et vos parents ?

[*soutenu*] ....

5 Je vois mes cousins seulement à Noël. Et toi ?

[*familier*] ....

6 Je n'aime pas Halloween parce que c'est trop commercial. Et vous ?

[*soutenu*] ....

2 Réécrivez les questions de l'activité 1 en utilisant *est-ce que*.

Exemple : Combien est-ce que tu as de cours par jour ?

1 ....

....

....

2 ....

....

....

3 ....

....

....

4 ....

....

....

5 ....

....

....

6 ....

....

....

Livre de l'élève

ce qui et ce que → Chapitre 9, section A

les pronoms disjoints → Chapitre 10, section B

3   Remplacez les blancs dans chaque réponse par un pronom disjoint et un pronom relatif, comme dans l'exemple.

Exemple : Mes parents aiment faire la fête à la maison. Et tes parents ?

.......................*Eux*........................, ...*ce qu'*........................ ils aiment, c'est aller au restaurant.

1   Je trouve l'histoire très difficile comme matière. Et toi ?

................................., ... je trouve difficile comme matière, c'est les maths.

2   J'aime beaucoup l'ambiance à Halloween. Et ta sœur ?

................................., ... elle aime beaucoup, c'est l'ambiance de Noël !

3   Au collège, les cours d'EPS me plaisent bien. Et ton copain ?

................................., ... lui plaît au collège, ce sont les cours de physique.

4   Les langues étrangères m'intéressent le plus au collège. Et vous ?

................................., ... nous intéresse le plus, c'est l'histoire-géo.

5   Les garçons préfèrent souvent le foot et le rugby. Et les filles ?

................................., ... elles préfèrent, c'est le tennis et le volley.

6   Se retrouver en famille plaît souvent aux personnes âgées. Et les jeunes ?

................................., ... leur plaît, c'est sortir entre copains !

Faites vos preuves !

Sur une feuille, répondez aux questions ci-dessous et marquez un point à chaque fois que vous utilisez un point de grammaire de la liste.

1   Quelles fêtes traditionnelles de votre pays célébrez-vous au lycée ?

Exemple : <u>Ce que</u> nous célébrons au lycée, c'est Noël. Nous <u>sommes en train de préparer</u> le prochain spectacle musical de fin d'année. <u>Je dois</u> jouer dans l'orchestre, mais c'est nul. <u>Ce qu'</u>on <u>devrait</u> fêter, c'est Halloween parce que ce <u>serait</u> plus amusant. On <u>pourrait</u> se déguiser. Moi, je <u>voudrais</u> avoir un costume de sorcière !

[= 8 points]

2   Quelles sont vos activités préférées au lycée ?

3   Comment imaginez-vous votre prochaine fête d'anniversaire ?

Points de grammaire	Cochez ✔
ce qui et *ce que*	
être en train de + infinitif	
les pronoms disjoints : *moi, toi, lui*, etc.	
les verbes réguliers au conditionnel	
les verbes irréguliers au conditionnel	
pouvoir + infinitif (au présent / conditionnel)	
vouloir + infinitif (au présent / conditionnel)	
devoir + infinitif (au présent / conditionnel)	

11/1

Élargissez votre vocabulaire. Cherchez les mots de l'encadré dans un dictionnaire pour trouver les parties du corps et complétez les étiquettes.

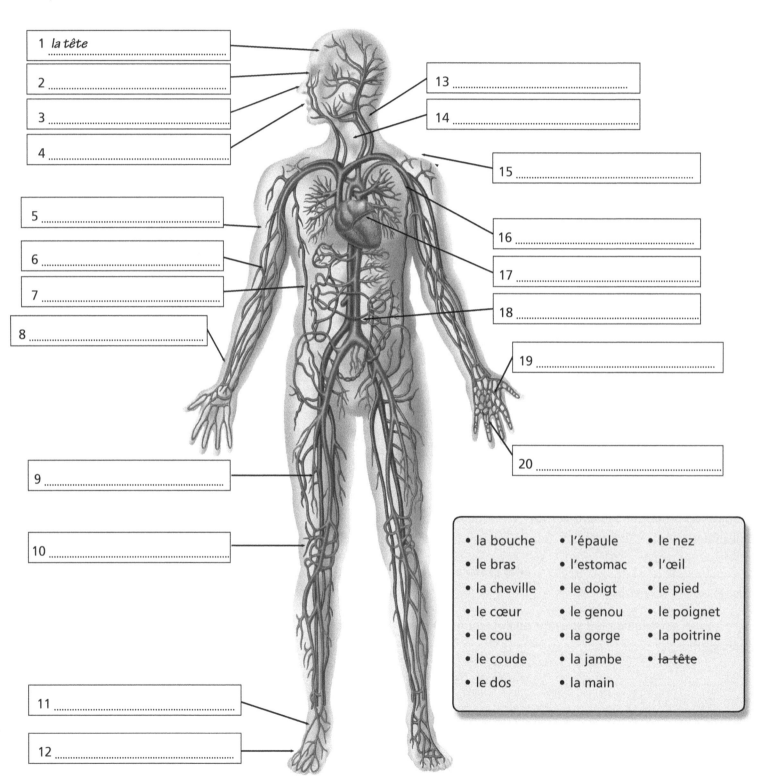

1 *la tête*

2 ....

3 ....

4 ....

5 ....

6 ....

7 ....

8 ....

9 ....

10 ....

11 ....

12 ....

13 ....

14 ....

15 ....

16 ....

17 ....

18 ....

19 ....

20 ....

• la bouche	• l'épaule	• le nez
• le bras	• l'estomac	• l'œil
• la cheville	• le doigt	• le pied
• le cœur	• le genou	• le poignet
• le cou	• la gorge	• la poitrine
• le coude	• la jambe	• ~~la tête~~
• le dos	• la main	

11/2

Réécrivez chaque phrase en mettant les verbes à l'imparfait.

Exemple : J'ai mal à la tête. → J'avais mal à la tête.

1 Ils travaillent dans un hôpital.

....

....

2 Nous sommes en mission en Afrique.

....

....

3 Le virus affecte ma respiration et je ne peux pas faire d'exercice.

....

....

4 Les bactéries attaquent les nerfs et on a très mal.

....

....

5 Tu es infirmière indépendante ou tu fais partie d'une équipe à l'hôpital ?

....

....

6 Vous tombez souvent malade, alors vous consultez régulièrement un médecin ?

....

....

11/3

1a Réécoutez la conversation avec Léo (voir section B, activité 3 dans le livre de l'élève) et complétez avec les mots qui manquent.

1b Relisez le texte et entourez les verbes au conditionnel.

– Tu aimerais partir en [1] *mission* avec MSF, Léo ?

– Oui. Mon oncle est [2] .... et il est parti deux fois avec MSF. Il m'a beaucoup parlé de ses expériences et ça m'a vraiment donné envie de partir comme lui un jour.

– Tu voudrais être chirurgien aussi, comme lui ?

– Ah non, je ne suis pas assez habile de mes mains, et c'est trop technique. Par contre, je sais déjà que j'aimerais aider les gens dans mon futur métier, et je pense qu'être [3] .... me plairait davantage.

– Pourquoi est-ce que tu as tant envie d'aider les gens ?

– Ce que mon oncle m'a raconté de ses voyages m'a beaucoup touché. On ne se rend pas toujours compte à quel point on est privilégié ici. Partir avec MSF me permettrait de me sentir utile et de contribuer, à mon échelle, à améliorer la vie des populations dans les pays en crise.

– Et tu ferais quoi exactement en tant qu'infirmier ?

– Eh bien, par exemple, j'organiserais la distribution de [4] ...., je ferais les [5] .... ou bien je m'occuperais de la [6] .... et pendant ce temps-là, je pourrais parler aux gens pour mieux connaître leur culture. Ça me plairait bien de faire ça [7] ....je pense que, ce qui est le plus enrichissant dans une mission humanitaire, c'est l'échange avec la population locale.

– Est-ce que tu penses que les populations locales bénéficient [8] ....de l'aide extérieure ? Je veux dire, est-ce que l'action humanitaire est toujours une bonne chose ?

– Hmm… je pense que les actions de MSF sont positives parce qu'elles répondent toujours à un besoin très précis et interviennent dans des situations de crise réelle où elles sont utiles et efficaces. [9]..................................., je pense aussi qu'il y a sans doute des actions humanitaires plus discutables, [10]...... risquent d'encourager la dépendance des populations locales plutôt que leur indépendance.

11/4

1 Lisez les phrases ci-dessous. La conversation n'est pas dans le bon ordre. D'abord, entourez les lettres qui correspondent aux paroles du docteur.

A D'accord, merci docteur.

B Ce n'est pas cassé. Utilisez un sac de glaçons pendant quelques jours et évitez de marcher.

C Oui, ça fait un peu mal.

D Alors, qu'est-ce qui ne va pas ?

E Bon, je vais vous examiner. Ça fait mal là ?

F Si ça fait très mal, prenez du paracétamol. Et je vais vous faire une ordonnance pour une crème anti-inflammatoire.

G Je peux prendre quelque chose contre la douleur ?

H Je crois que je me suis cassé la cheville droite.

2 Maintenant, remettez la conversation dans le bon ordre.

1	2	3	4	5	6	7	8
D							

3 Imaginez la conversation de cette personne avec le docteur.

Exemple

Docteur : Bonjour. Qu'est-ce qui ne va pas ?

Patiente : Je ne me sens pas bien. J'ai de la fièvre…

....

....

....

....

....

....

....

11/5

Entourez la forme correcte de chaque verbe pour compléter la phrase.

Exemple : Je ~~traversais~~ / J'ai *traversé* la rue quand je *tombais* / ~~suis tombé.~~

1 Il *a roulé / roulait* à vélo quand un chien *a couru / courait* devant lui.

2 Quand la voiture *a dérapé / dérapait*, il *a fait / faisait* nuit et il *a neigé / neigeait*.

3 Il *a eu / avait* très mal au ventre depuis longtemps et il *a décidé / décidait* d'aller voir le médecin.

4 Finalement, il *n'est pas allé / n'allait pas* à l'hôpital parce qu'il *n'avait plus / n'a plus eu* mal à la cheville.

5 Quand il *a été / était* petit, il *a eu / avait* toujours des problèmes de santé et à 25 ans, il *a eu / avait* un accident cardiaque et il *est mort / mourrait*.

11/6

1 Lisez le quiz. Cherchez les mots que vous ne connaissez pas dans le dictionnaire.

2 Testez vos connaissances. Faites le quiz. Choisissez la bonne réponse. (Réponses à la fin de l'activité 11/7)

Quiz : Les premiers soins

1 Une personne vient de perdre connaissance dans la rue. Quel est votre réflexe ?

A Allonger la personne sur le dos.	☐
B Placer la personne sur le côté.	☐

2 Pour aider une personne qui saigne du nez, il faut…

A pincer le nez ou mettre un glaçon.	☐
B allonger la personne sur le dos.	☐

3 À la cantine, un élève s'étouffe. Que faites-vous ?

A Vous tapez cinq fois entre ses épaules.	☐
B Vous allez chercher un verre d'eau.	☐

4 Si on vient de se couper au doigt, on doit…

A passer sa main à l'eau chaude.	☐
B appuyer sur la coupure.	☐

11/7

Rappel grammaire

Venir de + infinitif

1 Répondez aux questions en utilisant la forme correcte de *venir de* + infinitif, comme dans l'exemple.

Exemple : Tu as fait une mission avec MSF ?
→ Oui, je <u>viens de faire</u> une mission.

1 Tu es allé(e) en Afrique ?

....

....

2 Le docteur est rentré en France ?

....

....

3 Vous avez fait une campagne de sensibilisation ?

....

....

4 Tes parents ont arrêté de fumer ?

....

....

5 L'infirmière t'a donné des vitamines ?

....

....

6 Tu t'es cassé la jambe ?

....

....

La négation : *ne... pas / jamais / rien / plus*

2 Répondez aux questions négativement avec les mots entre parenthèses.

Attention à l'utilisation de **de** ou **d'** dans la négation.

Exemple : Est-ce que tu fumes des cigarettes ? [ne... plus]
*→ Non, je <u>ne</u> fume <u>plus</u> **de** cigarettes.*

1 Tu peux manger du pain ? [*ne... pas*]

....

2 Tu veux toujours manger de la viande ? [*ne... plus*]

....

3 Tu prenais des médicaments avant ton accident ?

[*ne... jamais*]

....

4 Tu as déjà bu de l'alcool ? [*ne... jamais*]

....

5 Les docteurs t'ont conseillé quelque chose ? [*ne... rien*]

....

6 Tu vas changer quelque chose dans tes habitudes ?

[*ne... rien*]

....

7 Tu te sens mieux ? [*ne... pas*]

....

8 Tu t'es déjà cassé quelque chose ? [*ne... rien*]

....

3 Répondez aux questions de l'activité 1 par une négation :
ne… pas / plus / rien / jamais.

Exemple : 1 Non, je ne suis pas / jamais allé en Afrique.

1 ....

2 ....

3 ....

4 ....

5 ....

6 ....

L'imparfait et le passé composé

4a Lisez le texte. Entourez les verbes à l'imparfait et
soulignez les verbes au passé composé, comme dans
l'exemple.

J'<u>ai décidé</u> de faire attention à ma santé. Avant, je ne me

(sentais) jamais très bien mais je ne faisais pas vraiment

attention à ma santé. Je mangeais n'importe quoi ! Mais l'an

dernier, je suis tombé malade et je suis allé voir le docteur.

Il m'a dit d'arrêter les sucreries car j'étais en prédiabète !

C'était horrible ! J'ai eu peur et j'ai tout de suite changé mon

alimentation. Je trouvais ça difficile au début mais j'ai réussi

et je me sens beaucoup mieux.

4b Traduisez ce texte dans votre langue. Attention aux
temps !

....

....

....

....

....

5 Complétez les phrases en conjuguant le verbe entre
parenthèses au passé composé ou à l'imparfait.

Exemple : Cette année, nous <u>*avons décidé*</u>
[décider] de faire attention à notre santé.

Avant, ma famille et moi ne .... [*faire*]

jamais d'exercice. On ne .... [*marcher*]

pas et on n' .... [*aller*] jamais dans

une salle de sport. Mais mon père ....

[*se sentir*] toujours fatigué et il y a six mois, il

.... [*faire*] une crise cardiaque. Depuis,

tout .... [*changer*] ! Nous

.... [*acheter*] des vélos d'intérieur et

nous .... [*s'inscrire*] au centre sportif !

Maintenant, nous sommes tous en bien meilleure forme !

Réponses au quiz Les premiers soins (voir activité 11/6)
1B, 2A, 3A, 4B

Chapitre 11 : mon bilan

- Mes nouvelles compétences

....

....

....

....

- Ce que j'ai envie de développer

....

....

....

....

12/1

1 Écrivez les définitions pour la grille de mots-croisés, comme dans l'exemple. Utilisez le pronom *y*.

1 *On y achète des fruits et légumes et des produits locaux et artisanaux.*

2 ....

3 ....

4 ....

5 ....

6 ....

7 ....

8 ....

2 Complétez les lettres qui manquent et trouvez le nom d'un endroit où on peut faire du shopping (voir l'encadré *Vocabulaire* à la section A du chapitre 12.).

¹M	A	R	C	H	É

²É P I C E R I E

³P O I S S O N N E R I E

⁴M A G A S I N D E V Ê T E M E N T S

⁵L I B R A I R I E

⁶B O U C H E R I E

⁷S U P E R M A R C H É

⁸M A G A S I N D E S P O R T

12/2

Complétez les phrases avec le pronom relatif qui convient le mieux : *qui, que, ce qui, ce que, où*. Un exemple vous est donné.

1 *Tous les samedis, au centre-ville, il y a un marché* ___où___ *on peut trouver toutes sortes de produits locaux.*

2 Près de la gare, il y a un petit supermarché .... est ouvert jusqu'à 22 heures.

3 Le supermarché livre à domicile, ... est très pratique quand on est pressé.

4 Le centre commercial, ... on trouve de tout, est situé à 10 minutes du centre-ville.

5 .... je n'aime pas dans notre ville, c'est que les magasins ferment entre midi et deux heures.

6 Les objets artisanaux, ... l'on trouve au marché, sont assez chers mais très originaux.

7 Ici, il n'y a pas de magasins .... restent ouverts 24 heures sur 24.

8 .... les touristes apprécient ici, c'est qu'il y a beaucoup de petit magasins sympa en ville.

9 .... manque ici, c'est un supermarché avec un grand parking.

12/3

Complétez avec le pronom personnel COD qui convient le mieux, comme dans l'exemple.

1   Je ne vais pas prendre <u>ces chaussettes</u> : je ne _____ *les* _____ aime pas en jaune.

2   <u>Ce pull</u> est joli, vous _____ avez en d'autres couleurs ?

3   Super, <u>la veste</u>, je peux _____ essayer, s'il vous plaît ?

4   Prends <u>la veste noire</u> si tu _____ préfères à la veste grise.

5   Où est <u>ma carte de crédit</u> ? Je ne _____ trouve plus.

6   Et <u>le jean</u>, vous allez _____ prendre ?

7   <u>Les cabines</u> sont à gauche, vous _____ voyez ?

8   Je n'ai pas <u>mon ticket de caisse</u>, je ne _____ trouve pas.

9   Si tu aimes <u>cette veste</u>, tu devrais _____ acheter.

12/5

Complétez les phrases avec les verbes conjugués au temps approprié : futur, présent, passé composé ou imparfait.

Exemple : Demain, je _____ *ferai* _____ [*faire*] du shopping en ville.

1   Avant, je ne _____ [*faire*] pas d'achats en ligne.

2   Hier, ma copine _____ [*acheter*] un livre intéressant.

3   Avant, je n'allais jamais en ville le week-end, mais maintenant, j'y _____ [*aller*] assez souvent.

4   De nos jours, on _____ [*pouvoir*] aller en ligne pour faire du shopping, c' _____ [*être*] plus rapide.

5   Quand mes grands-parents _____ [*être*] jeunes, ils _____ [*aller*] toujours dans les magasins du centre-ville où les vendeuses les _____ [*connaître*].

6   Samedi dernier, on _____ [*trouver*] des vêtements pas chers du tout et on _____ [*dépenser*] tout notre argent !

12/4

Voici deux conversations en désordre. Lisez-les et mettez-les dans le bon ordre comme dans l'exemple.

Conversation 1

A   Je fais du 40.

B   Ah non, je suis désolée.

C   Je cherche des baskets.

D   Oui, mais vous l'avez en d'autres couleurs ? Je ne l'aime pas en blanc.

E   Je peux vous aider ?

F   En quelle pointure ?

G   J'ai ce modèle en 40. Vous l'aimez bien ?

1	2	3	4	5	6	7
E						

Conversation 2

A   Ça coûte 33 euros.

B   Bien sûr ! Les cabines d'essayage sont là-bas, à droite. Ça vous va ?

C   Vous allez le prendre ?

D   D'accord. Où est la caisse, s'il vous plaît ?

E   C'est au fond du magasin.

F   J'aime bien ce pull gris. Je peux l'essayer, s'il vous plaît ?

G   Oui, je le prends. C'est combien ?

H   Oui, ça me va très bien.

1	2	3	4	5	6	7	8
F							

12/6

Rappel grammaire

Le pronom *y*

1 Réécrivez les phrases en remplaçant les mots soulignés par le pronom *y*, comme dans l'exemple.

Exemple : Je n'aime pas le nouveau centre commercial : je ne vais presque jamais <u>dans le nouveau centre commercial</u>. → *Je n'y vais presque jamais.*

1 Je vais souvent au supermarché. J'achète toute ma nourriture <u>au supermarché</u>.

....

....

2 Elle aime beaucoup aller au marché. Elle retrouve des copines <u>au marché</u>.

....

....

3 Nous évitons d'aller au centre-ville. Nous dépensons tout notre argent de poche <u>au centre-ville</u> !

....

....

4 Ils sont contents d'être allés au cinéma. Ils ont vu un film intéressant <u>au cinéma</u>.

....

....

5 Il y a un magasin au coin de la rue. Vous ne trouverez pas grand-chose <u>dans ce magasin</u>.

....

....

6 Tu connais ce restaurant ? Non, je ne suis jamais allé <u>dans ce restaurant</u>.

....

....

Les pronoms COD

2 Répondez aux questions sans répéter les mots soulignés dans la question. Utilisez le pronom complément d'objet direct qui convient.

Exemple : Tu vois <u>les cabines d'essayage</u> ?
Non, je ne <u>les</u> vois pas.

1 Tu fais toujours <u>le shopping</u> ?

Non, je ne ....

2 Est-ce que vous achetez <u>vos chaussures</u> sur Internet ?

Non, nous ne ....

3 Est-ce qu'elle voudrait <u>la robe</u> en bleu ?

Oui, je crois qu'elle ....

4 Est-ce que vous acceptez <u>cette carte</u> ?

Non, désolé, nous / n' ....

5 Tu <u>me</u> contactes quand tu rentres ?

Oui, je ....

6 Est-ce qu'on va prendre <u>le métro</u> ce soir ?

Non, on ne ....

L'imparfait et le futur (révision)

3 Écrivez les verbes ci-dessous dans la bonne grille, après la bonne personne.

> • allait • allaient • auront • avions • feras • irons
> • pourrez • devais • devrai • prendra
> • prenais • vouliez

Imparfait
je ....
tu ....
il / elle / on ....
nous ....
vous ....
ils / elles ....

futur
je ....
tu ....
il / elle / on ....
nous ....
vous ....
ils / elles ....

4 Complétez les réponses avec le même verbe au temps approprié (imparfait ou futur).

Exemple : Ton père <u>allait</u> souvent au marché avant ?

> *Non, mais maintenant il y*   *ira* ....
> *toutes les semaines.*

1 Vous <u>pouviez</u> payer avec une carte de crédit l'année dernière ?

Non, mais cette année, nous .... payer avec la carte de crédit.

2 Tes parents <u>prenaient</u> des vêtements de marque pour toi quand tu étais petite ?

Non, mais ils en .... pour leurs petits-enfants !

3 Tu <u>allais</u> souvent au centre commercial avant ?

Non, mais avec la voiture, j' .... plus souvent là-bas.

4 Tes copines <u>feront</u> du shopping avec toi ?

Non, je ne veux plus. Avant, nous .... du shopping ensemble. C'était nul !

5 Il y <u>aura</u> de nouveaux magasins de vêtements au village ?

Non. Avant, il y en .... mais ils ont fermé.

6 Vous <u>devrez</u> faire vos courses en ligne s'il n'y a pas de magasins.

Oui, c'est bien. Avant, nous .... faire les courses dans la ville voisine.

7 Tu <u>pouvais</u> utiliser une carte de crédit l'année dernière ?

Non, mais l'année prochaine, je .... en utiliser une dans les magasins et en ligne.

Chapitre 12 : mon bilan

• Mes nouvelles compétences

....

....

....

....

• Ce que j'ai envie de développer

....

....

....

Révisions de grammaire : Chapitres 11 et 12

Livre de l'élève

venir de → Chapitre 11, section D

le pronom *y* → Chapitre 12, section A

les pronoms complément d'objet direct (COD) → Chapitre 12, section B

1 Répondez aux questions.

- Utilisez la forme correcte de *venir (juste) de*.
- Remplacez le nom COD par le pronom qui convient : *me, te, le / la / l', nous, vous, les* ou le pronom *y* (pour remplacer un endroit).

Exemple : Tu vas prendre ton médicament ?
  → *Je <u>viens (juste) de</u> **le** prendre.*

  Vous allez au supermarché ?
  → *Nous <u>venons (juste) d'</u>**y** aller.*

1 Il va acheter cette veste ?

....

2 Vous allez voir le docteur ?

....

3 Tu vas passer à la pharmacie ?

....

4 Elles vont acheter les fleurs pour Mamie ?

....

5 Ton copain va aller à la braderie de Lille cette année ?

....

6 Le docteur va te contacter ?

....

7 Tu vas télécharger la nouvelle appli du magasin ?

....

8 Tu vas prendre ton médicament ?

....

Livre de l'élève

révisions : *qui, que, où, ce qui, ce que, ce qu'* → Chapitre 7, section C ; Chapitre 6, section A ; Chapitre 9, section A

2 Complétez les phrases avec le bon pronom parmi ceux en italique dans l'encadré ci-dessus.

1 Carrefour, c'est un supermarché .... je trouve tout.

2 .... est important pour être en forme, c'est faire de l'exercice.

3 Je ne sais pas .... je devrais faire pour être plus en forme.

4 Ma mère, ... elle déteste faire, c'est aller au marché.

5 MSF, c'est une organisation .... j'admire beaucoup.

6 Infirmier, ce n'est pas un métier .... m'intéresse.

3 Sur une feuille, traduisez les phrases dans votre langue.

Livre de l'élève

la négation : *ne... pas / ne... jamais / ne... rien / ne... plus* → Chapitre 11, section D

révision des temps : présent, futur, passé composé, imparfait → Chapitres 1–11

3 Complétez les questions en conjuguant le verbe entre parenthèses au temps donné.
Complétez les réponses avec le verbe et une des négations en italique dans l'encadré ci-dessus.

Exemple : Nous ....faisons........ *[faire / présent] de la natation depuis un an. Et toi ?*

Moi, je ne .....fais..... .....pas / plus..... *de natation.*

1 Avant cet été, il ne ....
[*faire / imparfait*] jamais de sport. Et toi ?

Moi non plus, avant, je ne ....

.... de sport.

2 Le 23 mars, mes parents ....

.... [*avoir / passé composé*] un
accident de voiture.

Moi, heureusement, je n' ....

....
d'accident de voiture.

3 Le week-end prochain, nous ....
[*aller / futur*] au cinéma Lumière voir un film. Toi aussi ?

Non, je n' ....

.... au cinéma Lumière, c'est
beaucoup trop cher.

4 Depuis un mois, Chloé et Katya ....
[*venir / présent*] au cours de yoga. Malika aussi, non ?

Non, Malika ne ....

.... au cours de yoga, elle
n'aimait pas ça.

5 Plus tard, je .... [*partir / futur*]
travailler à l'étranger. Et toi ?

Non, moi, je ne ....

.... d'ici, j'aime trop mon pays !

Faites vos preuves !

Sur une feuille, répondez aux questions ci-dessous et marquez un point à chaque fois que vous utilisez un point de grammaire de la liste.

1 Que faites-vous pour rester en forme ?

Exemple : <u>Ce que</u> je fais pour être en forme, c'est manger équilibré. Avant, je <u>mangeais</u> n'importe quoi mais maintenant, je <u>ne</u> mange <u>plus</u> gras. Par exemple, je <u>viens de manger</u> un repas avec du poisson et des légumes et des fruits en dessert. <u>Je voulais</u> faire de l'exercice alors <u>je me suis inscrite</u> au centre sportif. J'y vais tous les week-ends et l'année prochaine, je <u>ferai</u> aussi de la natation, <u>ce qui</u> me déstressera. <u>J'ai</u> aussi <u>besoin de</u> me reposer alors j'aime rester dans ma chambre, <u>où</u> je lis beaucoup.

[= 11 points]

2 Pourquoi aimeriez-vous / n'aimeriez-vous pas travailler pour MSF ?

3 Le shopping est-il un passe-temps pour vous ? Expliquez.

Points de grammaire	Cochez ✔
la négation	
les expressions avec *avoir*	
venir de + infinitif	
le pronom *y*	
les pronoms COD : *me, te, le / la, nous, vous, les*	
les pronoms relatifs : *qui, que, où, ce qui, ce que*	
les verbes à l'imparfait	
les verbes irréguliers au futur	
l'utilisation de l'imparfait et du passé composé	

13 Nous, les jeunes

13/1

Complétez les phrases avec la forme correcte d'*avoir* ou *être* : au présent, à l'imparfait ou au passé composé.

Exemple : Ils __ont__ peur parce qu'ils __sont__ très jeunes.

1 Aujourd'hui, je .... complètement stressé.

2 Vous .... raison. Regardez, elle .... très malade.

3 Depuis cette année, ils .... de la chance, ils .... des profs sympa.

4 Quand j' .... petit, j' .... vraiment peur d'aller à l'école.

5 Hier, nous .... le courage de parler à nos parents et maintenant, nous .... contents.

6 Il .... triste : on se moque de lui parce qu'il n' .... pas l'air cool.

7 Avant, elle .... timide et elle n' .... pas l'habitude de sortir seule.

8 Maintenant, j' .... envie d'apprendre à conduire parce que j'en .... marre des transports en commun.

13/2

Entourez la préposition qui convient le mieux.

Exemple : Je vais demander (à) / de ma mère.

1 J'ai proposé *à* / *de* mon père *à* / *de* me donner un peu d'argent de poche mais il ne veut pas.

2 Je vais dire *à* / *de* mon copain *à* / *de* refuser leur invitation.

3 Tu dois parler *à* / *de* ton problème *à* / *de* ton médecin.

4 Mes parents ne me donnent plus la permission *à* / *de* sortir.

5 Les vieux ne font jamais confiance *à* / *au* / *aux* jeunes.

6 Elle a téléphoné *à* / *au* / *aux* bureau pour parler *de* / *du* / *des* interviews.

13/3

1 Remplissez chaque blanc dans le message de Lola avec le pronom personnel complément d'objet **indirect** (COI) qui convient le mieux.

Lola, 17 ans

Mon père est mort et il *me* .... manque beaucoup. Pour moi, ma mère est la personne la plus importante. Je la respecte et je .... obéis toujours. Je .... parle beaucoup, mais je ne .... dis pas tout. Si j'ai un problème, je téléphone à mes copines. Je .... raconte tout. Elles aussi, elles .... téléphonent quand elles ont un problème. Elles .... confient tout.

2 Remplissez chaque blanc dans le message de Martin avec le pronom personnel complément d'objet **direct** (COD) ou complément d'objet **indirect** (COI) qui convient le mieux.

Martin, 16 ans

L'amitié, c'est compliqué ! J'ai quelques copains et je .... aime bien mais je ne .... fais pas confiance. Je ne .... parle jamais si quelque chose me trouble. Par contre, j'ai une petite amie. Je sais que je peux .... faire confiance. Quand je .... vois ou quand je .... appelle, je peux tout .... dire. Elle .... aide et elle .... conseille.

13/4

1 Lisez ces phrases concernant un(e) ami(e). Est-ce qu'elles sont positives ☺ ou négatives ☹ ? Cochez la bonne case dans la grille.

	☺	☹
A Je lui fais confiance.		
B Il / Elle n'est pas toujours franc / franche.		
C Il / Elle me manque quand il / elle n'est pas là.		
D Il / Elle est très loyal(e).		
E On se dispute régulièrement.		
F On aime bien sortir ensemble.		
G Je ne sais pas si je peux me confier à lui/elle.		
H Il / Elle ne me comprend pas.		
I Je peux tout lui dire.		
J Il / Elle m'ignore quand on est en bande.		
K On ne s'entend pas toujours bien.		
L On est toujours d'accord.		

2 Ajoutez d'autres phrases positives ou négatives. Échangez avec un(e) partenaire. Il / Elle lit vos phrases et coche la bonne case.

Exemple : Il / Elle est toujours sympa. Il / Elle se moque souvent de moi.

	☺	☹

13/5

1 Lisez ces mots sur les jeunes. Cochez les mots qui créent une image positive.

✓ enthousiaste	☐ généreux
☐ violent	☐ égoïste
☐ indifférent	☐ complexé
☐ paresseux	☐ timide
☐ actif	☐ joyeux
☐ sociable	☐ accro à Internet
☐ travailleur	☐ poli
☐ gâté	☐ énergique
☐ débrouillard	☐ curieux
☐ entreprenant	

2 Recherchez et ajoutez d'autres mots positifs.

Exemple : raisonnable

....

....

....

....

13/6

Inventez des phrases avec *si* comme dans l'exemple.

Exemple

- Si je lui parle, il me répondra.

- *S'il me répond, je lui dirai que j'ai faim.*

- *Si je lui dis que j'ai faim, il m'invitera peut-être au restaurant.*

- *S'il m'invite au restaurant, je mangerai un bon repas !*

1

- Si elle me demande de sortir ce soir, je

   ....

- Si je .... , elle

   ....

- Si .... ,

   ....

- Si .... ,

   ....

2

- S'il ne me téléphone plus, je

   ....

- Si je .... , il

   ....

- Si .... ,

   ....

- Si .... ,

   ....

13/7

Rappel grammaire

La négation et la restriction

1 Choisissez parmi les mots suivants pour compléter ces phrases négatives ou restrictives.

> • pas • plus • rien • jamais • personne • que

Exemple : Avant, on se téléphonait souvent avec ma copine. Maintenant, elle ne m'appelle .... *plus* ....

(* = Il peut y avoir plusieurs possibilités.)

1 Ma copine a beaucoup changé. Elle ne veut

.... sortir avec moi.*

2 Avant, elle parlait à tout le monde. Maintenant, elle ne

parle à ....

3 Elle adorait sortir et s'amuser. Maintenant, elle ne veut

.... faire.

4 Elle avait des passe-temps, maintenant, elle ne fait

.... travailler.

5 Le week-end, elle ne sort .... de sa chambre.*

6 Avant, elle était toujours joyeuse mais depuis quelques

mois, elle ne sourit ....*

7 Avant, elle travaillait beaucoup à l'école mais maintenant,

elle ne fait ....

8 Je voudrais l'aider mais je ne sais .... quoi faire.*

2 Répondez aux questions. Inventez des phrases : une négation et une restriction.

Exemple : Avez-vous beaucoup d'amis au lycée ?
> *→ Je n'ai pas beaucoup d'amis au lycée.*
> *→ Je n'ai que deux amis au lycée.*

1 Avez-vous beaucoup d'amis sur les réseaux sociaux ?

[*pas*] ....

....

[*que*] ....

....

2 Qu'offrez-vous à vos amis pour leur anniversaire ?

[*rien*] ....

....

[*que*] ....

....

3 Sortez-vous le soir avec vos amis ?

[*jamais*] ....

....

[*que*] ....

....

4 À qui parlez-vous quand vous avez un problème ?

[*personne*] ....

....

[*que*] ....

....

Les pronoms complément d'objet (direct et indirect)

3 Lisez le texte puis entourez les pronoms complément d'objet direct (5) et soulignez les pronoms complément d'objet indirect (7), comme dans les exemples.

Je peux <u>vous</u> demander un conseil ? Je ne comprends plus mon copain, Hugo, je le trouve vraiment changé. Avant, quand je lui envoyais des messages, il me répondait toujours. Maintenant, il ne les lit plus. Nous ne nous voyons presque plus. Je connais bien ses parents : je suis allée les voir et je leur ai demandé ce qui se passait. Ils m'ont dit que Hugo ne leur racontait rien mais qu'il était tout le temps chez sa grand-mère. Je voudrais aller la voir et lui demander ce qui se passe mais je n'ose pas. Pourtant, je m'inquiète beaucoup pour Hugo. Que faire ?

4 Répondez aux questions sans répéter le mot souligné. Attention, choisissez le bon pronom et mettez-le au bon endroit dans la phrase.

> **Rappelez-vous :**
> *   pronoms COD : *me, te, le / la / l', nous, vous, les*
> *   pronoms COI : *me, te, lui / lui, nous, vous, leur*

Exemple : Est-ce que tu aides <u>tes copains</u> avec les devoirs ?
Oui, je <u>les</u> aide.

1   Est-ce que tu vois souvent <u>ton / ta meilleur(e) ami(e)</u> ?

Non, ...

2   Est-ce que tu parles souvent à <u>ton / ta meilleur(e) ami(e)</u> ?

Oui, ...

3   Tu dois demander la permission de sortir à <u>tes parents</u> ?

Oui, ...

4   Tu as le droit de conduire <u>la voiture de tes parents</u> ?

Non, ...

5   Tu parles de tes problèmes à <u>ta sœur</u> ?

Non, ...

6   Tes parents donnent de l'argent de poche <u>à ton frère et à toi</u> ?

Oui, ...

7   Tu peux passer <u>le permis de conduire</u> l'année prochaine ?

Non, ...

8   À ton avis, les médias influencent-ils <u>les jeunes</u> ?

Oui, ...

9   Les jeunes parlent-ils plus à leurs ami(e)s en ligne ?

Oui, ...

10 Les jeunes voient-ils moins leurs ami(e)s ?

Oui, ...

> ## Chapitre 13 : mon bilan
> *   Mes nouvelles compétences
>
> ....
>
> ....
>
> ....
>
> ....
>
> *   Ce que j'ai envie de développer
>
> ....
>
> ....
>
> ....

14/1

1 Lisez l'article.

1 Soulignez les verbes au présent.

2 Soulignez les verbes au passé composé.

3 Entourez les verbes à l'imparfait.

4 Sur une feuille, traduisez l'article dans votre langue.

Les Seychelles

Il faisait beau et chaud quand nous sommes arrivés aux Seychelles. Depuis 1976, les 115 îles de l'archipel des Seychelles forment un État indépendant, membre du Commonwealth. Aujourd'hui, aux Seychelles, la langue courante est le créole. Une grande partie de la population, originaire d'Europe, d'Afrique et de l'Inde parle aussi l'anglais et le français.

On nous a raconté un peu l'histoire de la région. C'était très intéressant. Les explorateurs portugais aimaient voyager et ils sont arrivés aux Seychelles en 1505. Plus tard, en 1756, ce sont des colonisateurs français qui sont venus les occuper. Puis, en 1814, suite aux guerres napoléoniennes, les îles sont devenues britanniques.

2 Conjuguez les verbes entre parenthèses au futur, au présent, au passé composé ou à l'imparfait pour compléter le texte.

Au cours du XXᵉ siècle, la France et les Seychelles n' .... [1 *être*] pas très proches. Les gens ne .... [2 *comprendre*] pas tous le français. Pourtant, cela .... [3 *changer*] récemment. Par exemple, aujourd'hui, les Seychelles et la France .... [4 *partager*] de nombreuses activités et .... [5 *travailler*] ensemble pour renforcer les liens entre les pays de l'Océan indien.

En termes d'éducation, la francophonie

.... [6 *être*] en progrès aux Seychelles.

Depuis 1997, on .... [7 *réintroduire*] le français dans beaucoup d'écoles.

Entre février 2003 et mars 2005, la France

.... [8 *donner*] de l'argent pour l'installation d'une seconde chaîne de télévision nationale et francophone, qui .... [9 *diffuser*] aujourd'hui TV5 dans les deux principales îles.

14/2

1 Soulignez la forme correcte de chaque verbe pour compléter la phrase.

Exemple : Pourquoi dois / devons / devrait-on apprendre une langue étrangère ?

1 Je parle français et je *peut / pourrai / pouvez* donc communiquer avec des francophones partout dans le monde.

2 Si tu *peux / peut / a pu* parler une autre langue, tu *pouvais / pourras / pourrai* avoir un plus grand choix de métiers plus tard.

3 Beaucoup d'entreprises *voulons / veut / voudront* recruter des employés avec des compétences linguistiques.

4 Si les étudiants *veulent / voulons / voulez* voyager, ils *pourra / pourront / ont pu* le faire plus facilement s'ils parlent plus d'une langue.

5 Quand nous étions à Paris, nous *devons / devions / devrons* commander en français dans les restaurants.

6 95% des gens pensent qu'apprendre une deuxième langue *pourrai / pourras / pourra* stimuler leur intelligence.

2 Pouvez-vous ajouter à la liste d'autres raisons pour apprendre une langue étrangère ?

Exemple : On pourrait aller voir des films étrangers en version originale.

....

....

....

....

....

....

14/3

1 Remplacez les mots soulignés par *en*, puis recopiez les nouvelles phrases.

Exemple : Je mangerai des escargots demain soir.
→ J'en mangerai demain soir.

1 Vous désirez boire du vin rouge ?

....

2 Les Français mangent souvent des croissants le matin.

....

3 Je ne connais pas de chanteurs francophones.

....

4 On peut acheter du parfum français dans les grands magasins.

....

5 Nous avons dû acheter des dictionnaires bilingues.

....

6 J'ai écouté des émissions francophones à la radio de temps en temps.

....

2 Répondez aux questions. Pour éviter les répétitions, utilisez *en* dans vos réponses. Ajoutez des exemples.

1 *Est-ce qu'on vend des voitures de marque française dans votre pays ?*

Oui, on en vend, par exemple des Renault.

2 Connaissez-vous des acteurs francophones ?

....

3 Aimeriez-vous visiter des pays francophones ?

....

4 Avez-vous déjà consulté des dictionnaires en ligne ?

....

5 Combien de langues étrangères parlez-vous ?

....

14/4

Regardez le tableau et complétez les phrases avec *plus, moins* ou *autant*.

Exemple : Le pourcentage de la population qui parle français est **plus** *important à Haïti qu'en Mauritanie.*

Pays	Nombre de francophones	Population francophone en %	Population totale	Langues officielles
Luxembourg	430 000	90,00	473 000	luxembourgeois, français, allemand
Seychelles	44 000	54,00	81 188	anglais, français, créole
Belgique	4 300 000	40,95	10 500 000	français, néerlandais, allemand
Vanuatu	49 500	24,65	193 000	anglais, français, bichlamar
Comores	156 100	22,95	680 000	français, arabe
Tchad	2 000 000	20,40	9 800 000	arabe, français
Suisse	1 500 000	20,00	7 500 000	allemand, français, italien
Cameroun	2 900 000	17,36	16 000 000	français, anglais
Djibouti	79 900	10,07	793 000	arabe, français
Haïti	664 000	7,81	8 350 000	français, créole
Rwanda	609 000	7,16	8 500 000	kinyarwanda, français, anglais
Mauritanie	168 000	5,60	3 000 000	arabe, français
Madagascar	900 000	5,00	18 000 000	malgache, français

Source : Ministère des Affaires étrangères

1   Il y a............................de francophones au Tchad qu'en Suisse.

2   Il y a............................de langues officielles au Rwanda qu'au Cameroun.

3   Il y a............................de langues officielles au Luxembourg qu'en Belgique.

4   Il y a............................d'habitants en Belgique qu'à Madagascar.

5   Le pourcentage de la population qui parle français est............................important au Vanuatu qu'aux Comores.

6   Le pourcentage de la population qui parle français est............................important à Djibouti qu'aux Seychelles.

7   Il y a............................de francophones au Rwanda qu'à Haïti.

8   Il y a presque............................de gens à Haïti qu'au Rwanda.

14/5

Rappel grammaire

Le pronom *en* et les pronoms COD *le / la / les*

1   Complétez les phrases avec le bon pronom : *en, le, la, les.*

Exemples : Tu connais ce festival ?
> → *Oui, je le connais.*
> *Les médias parlent souvent de ce festival ?*
> → *Oui, ils en parlent souvent.*

1   On comprend le français en Inde ?

Oui, on .... comprend un peu à Puducherry.

2   Tu parles souvent de ta passion pour les langues ?

Oui, je/j' .... parle souvent sur mon blog.

3   On trouve plus facilement un emploi si on parle plusieurs langues ?

Bien sûr, on .... trouve un beaucoup plus facilement.

4   On valorise les traditions locales dans les pays francophones ?

Je ne sais pas si on .... valorise assez.

5   Que penses-tu de l'idée de faire une grande fête francophone ?

Je .... trouve très intéressante.

6   Les échanges permettent-ils de rencontrer d'autres jeunes ?

Tout à fait, ils permettent de / d' .... rencontrer beaucoup.

7   Est-il possible de voir des films français ici ?

Oui, on peut .... voir beaucoup.

8   Tu voudrais voir le film burkinabé *Yaaba* ?

Oui, bien sûr, je voudrais bien .... voir.

La position du pronom *en*

2   Réécrivez la réponse en remplaçant les mots barrés par le pronom *en* au bon endroit.

Exemple : Tu as des problèmes ?
> *Oui, mais je ne veux pas parler de mes problèmes.*
> → *Oui, mais je ne veux pas en parler.*

1   Il y a des Français dans ta classe ?
Non, il n'y a pas ~~de Français~~ cette année.

....

....

2   Tu manges souvent de la viande ?
Non, je ne mange pas ~~de viande~~ très souvent.

....

....

3   Il reste des gâteaux aux pommes ?
Oui, il reste un ~~gâteau aux pommes~~ sur la table.

....

....

4   Tu voudrais avoir un correspondant en Afrique francophone ?
Oui, je voudrais avoir un ~~correspondant~~ au Sénégal.

....

....

5   Tu auras une voiture l'année prochaine ?
Oui, j'aurai une ~~voiture~~ dès que j'ai le permis.

....

....

Les temps des verbes

3 Conjuguez les verbes aux temps et à la personne indiqués. Sur une feuille, réécrivez les phrases en utilisant ces verbes. Traduisez-les dans votre langue.

Exemple :

Présent : *J'ai de l'argent. Je peux voyager.*

Imparfait : *J'avais de l'argent. Je pouvais voyager.*

Passé composé : *J'ai eu de l'argent. J'ai pu voyager.*

Futur : *J'aurai de l'argent. Je pourrai voyager.*

Conditionnel présent : *J'aurais de l'argent. Je pourrais voyager.*

1

Présent : Je vis au Burkina Faso. Je vais au lycée.

Imparfait : ....

Passé composé : ....

Futur : ....

Conditionnel présent : ....

2

Présent : ....

Imparfait : ....

Passé composé : J'ai lu ce livre. J'ai appris beaucoup de choses sur la France.

Futur : ....

Conditionnel présent : ....

3

Présent : ....

Imparfait : Il voulait aller à l'école. Il ne pouvait pas.

Passé composé : ....

Futur : ....

Conditionnel présent : ....

4

Présent : ....

Imparfait : ....

Passé composé : ....

Futur : ....

Conditionnel présent : Nous devrions écouter Radio France. Notre français deviendrait meilleur.

5

Présent : ....

Imparfait : ....

Passé composé : ....

Futur : On ira dans un café français. On prendra un petit déjeuner.

Conditionnel présent : ....

Chapitre 14 : mon bilan

• Mes nouvelles compétences

....

....

....

....

• Ce que j'ai envie de développer

....

....

....

....

Révisions de grammaire : Chapitres 13 et 14

Livre de l'élève

les verbes + infinitif → Chapitre 13, section B

les verbes + préposition *à* ou *de* → Chapitre 13, section B

1 Complétez les phrases avec la préposition *à* ou *de*, **seulement si nécessaire**.

Exemple : J'essaie de communiquer en français avec mon correspondant.

1 Je voudrais .... rencontrer sa famille un jour.

2 Il a des difficultés .... parler en anglais.

3 Il va continuer .... étudier les maths.

4 J'ai décidé .... partir un mois en France.

5 J'espère .... faire de grands voyages un jour.

6 J'ai besoin .... travailler pour gagner de l'argent de poche.

7 J'aime beaucoup .... découvrir de nouvelles cultures..

8 Je rêve .... partir faire du bénévolat pendant un an avant d'aller à l'université.

9 J'espère .... réussir .... obtenir de bonnes notes à mon exmen.

10 Je ne veux pas .... oublier .... répondre à son message.

Livre de l'élève

les pronoms COD et COI → Chapitre 12, section B ; Chapitre 13, section D

le pronom *en* → Chapitre 14, section D

2 Répondez aux questions en remplaçant les mots soulignés par un pronom.

Exemple : Tu aimes bien écrire <u>à ton correspondant</u> ?
Oui, j'aime bien <u>lui</u> écrire.

1 Tu penses contacter <u>ton correspondant</u> sur Skype ?

Oui, ...

2 Tu racontes tes problèmes <u>à tes parents</u> ?

Non, ...

3 Tu envoies beaucoup <u>de courriels</u> par semaine ?

Oui, ...

4 Tu aimes faire des <u>exercices de grammaire</u> ?

Oui, ...

5 Tu vois souvent <u>ta cousine</u> et tu parles <u>à ta cousine</u> sur Skype ?

Oui, ...

6 Tu as besoin <u>de ces livres</u> ?

Oui, ...

7 Tu veux acheter une <u>moto</u> plus tard ?

Oui, ...

Livre de l'élève

les phrases avec *si* → Chapitre 13, section F

la comparaison → Chapitre 14, section F, *Vocabulaire*

3 Complétez les phrases suivantes :

  a avec le verbe au futur

  b avec un des mots de comparaison de l'encadré ci-dessous.

  • plus (que) • moins (que) • aussi… que

  • plus de (que) • moins de (que) • autant de (que)

Exemple : Si tu ne révises pas, tu auras [avoir] plus de problèmes à l'examen.

1 Si tu veux réussir aux examens, tu ....

  [*devoir*] travailler .... dur ....
  maintenant !

2 Si vous voulez réussir aux examens, vous ....

  [*devoir*] faire .... travail
  à la maison.

3 Si on ne travaille pas assez, on .... [*avoir*]

  .... chance de réussir
  plus tard.

4 Si tu fais du sport comme moi, tu .... [*être*]

  .... en forme .... moi !

5 Si vous faites .... sport

  .... nous, vous .... [*être*]
  en super forme comme nous !

6 Si tu révises bien tes cours maintenant, tu ....

  [*paniquer*] .... pendant l'examen.

7 Si tu sais organiser ton travail, tu .... [*avoir*]

  .... temps libre.

Faites vos preuves !

Sur une feuille, répondez aux questions ci-dessous et marquez un point à chaque fois que vous utilisez un point de grammaire de la liste.

1 Vous devez faire votre portrait en environ 100 mots. Qu'allez-vous dire ?

  Exemple : Je m'appelle Anthony, je suis britannique et j'habite à Londres depuis un mois. Je ne connais encore presque personne ici. Je n'ai que quelques copains dans mon lycée mais j'espère bien en avoir plus bientôt. Je ne suis vraiment pas sportif mais je crois que si je fais du sport, j'aurai plus de chance de rencontrer des gens. Alors je veux faire des efforts et commencer à jouer au football. Il y a des équipes au lycée et je vais leur demander si je peux jouer. Par contre, j'ai peur de ne pas être aussi bon que les autres !

  [= 12 points]

2 À votre avis, est-ce qu'il y a des préjugés anti-jeunes ?

3 La francophonie est-elle importante pour les jeunes selon vous ?

Points de grammaire	Cochez ✔
les expressions avec *avoir*	
les verbes + infinitif	
les verbes + préposition + infinitif	
les verbes *devoir, pouvoir, vouloir*	
le pronom complément d'objet indirect	
la négation : *ne… personne*	
la restriction : *ne… que*	
la conjonction *si*	
le pronom *en*	
la comparaison	